東亜同文会初代会長

近衛篤麿評伝

―その四十年の生涯―

霞山アカデミー新書　歴 0001

近衛篤麿〔霞山会所蔵〕

近衛文麿〔©Wikimedia Commons〕

近衛忠房
〔©Wikimedia Commons〕

近衛忠煕
〔©Wikimedia Commons〕

近衛家略系譜

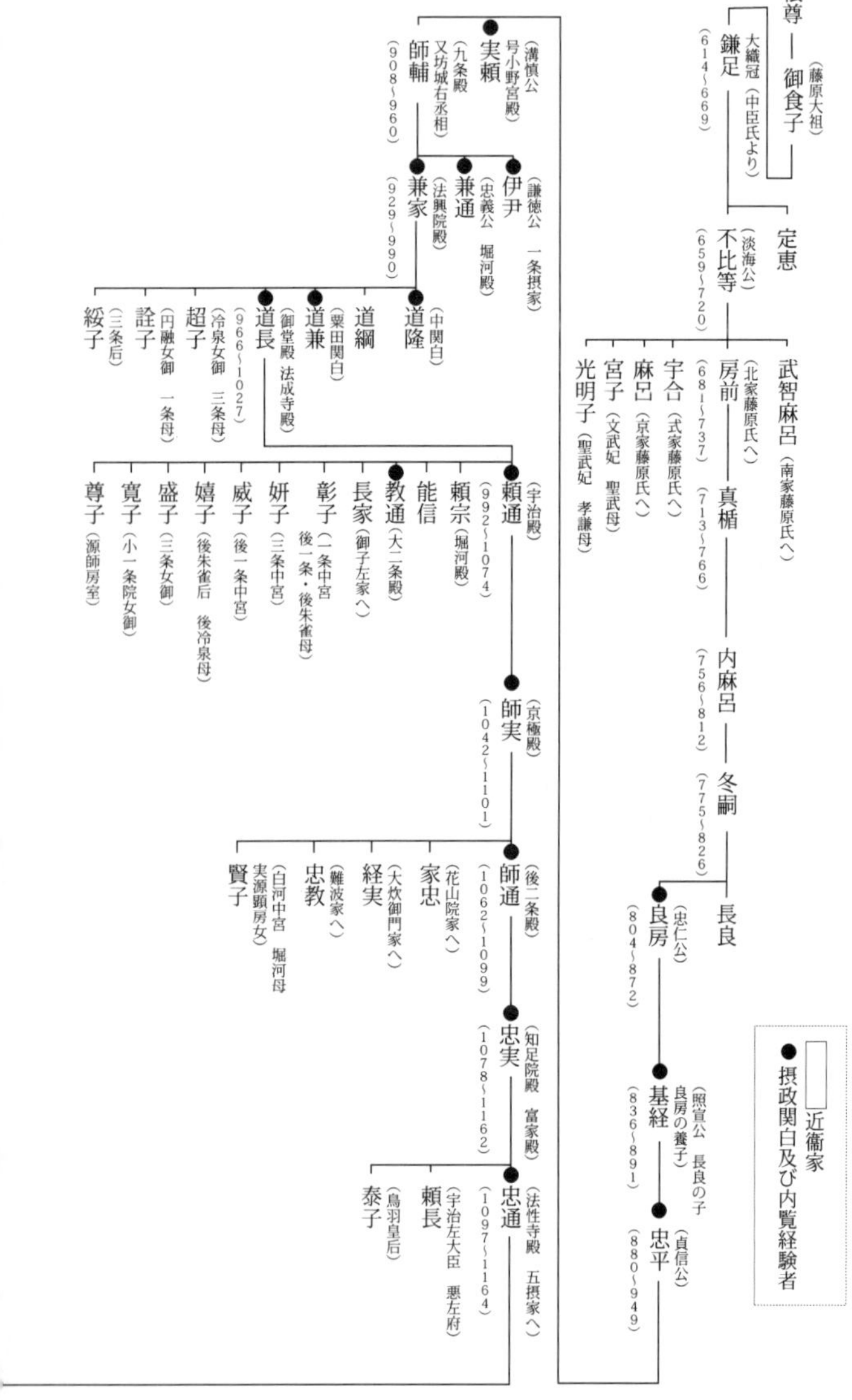
天児屋根尊
御食子（藤原大祖）
鎌足（大織冠（中臣氏より）614～669）
定恵
不比等（淡海公 659～720）
武智麻呂（南家藤原氏へ）
房前（北家藤原氏へ 681～737）
宇合（式家藤原氏へ）
麻呂（京家藤原氏へ）
宮子（文武妃 聖武母）
光明子（聖武妃 孝謙母）
真楯（713～766）
内麻呂（756～812）
冬嗣（775～826）
長良
良房（忠仁公 804～872）
基経（照宣公 長良の子 良房の養子 836～891）
忠平（貞信公 880～949）
実頼（溝慎公 号小野宮殿）
師輔（九条殿 又坊城右丞相 908～960）
伊尹（謙徳公 一条摂家）
兼通（忠義公 堀河殿）
兼家（法興院殿 929～990）
道隆（中関白）
道綱
道兼（粟田関白）
道長（御堂殿 法成寺殿 966～1027）
超子（冷泉女御 三条母）
詮子（円融女御 一条母）
綏子（三条后）
頼通（宇治殿 992～1074）
頼宗（堀河殿）
能信
教通（大二条殿）
長家（御子左家へ）
彰子（一条中宮 後一条・後朱雀母）
妍子（三条中宮）
威子（後一条中宮）
嬉子（後朱雀后 後冷泉母）
盛子（三条女御）
寛子（小一条院女御）
尊子（源師房室）
師実（京極殿 1042～1101）
師通（後二条殿 1062～1099）
家忠（花山院家へ）
経実（大炊御門家へ）
忠教（難波家へ）
賢子（白河中宮 堀河母 実源顕房女）
忠実（知足院殿 富家殿 1078～1162）
忠通（法性寺殿 五摂家へ 1097～1164）
頼長（宇治左大臣 悪左府）
泰子（鳥羽皇后）
近衛家
●摂政関白及び内覧経験者

基実（六条殿　梅津殿）（近衛家祖）（１１４３～１１６６）
基房（松殿　中山　菩提院）
兼実（九条）（後法性寺殿）
兼房（禅林寺殿）
僧　慈円
聖子（崇徳后）
育子（二条后）
呈子（近衛后）

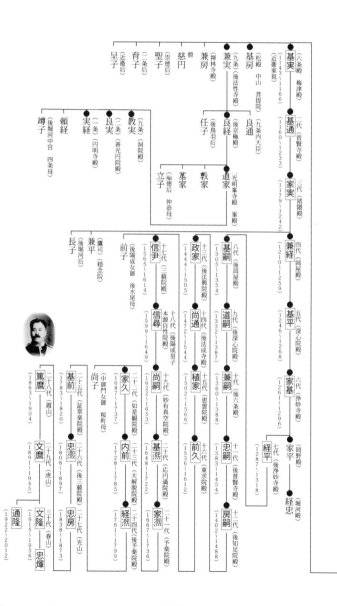

良通（九条内大臣）
良経（後京極殿）
任子（後鳥羽后）

道家（光明峯寺殿　峯殿）
教家
基家
立子（順徳后　仲恭母）

教実（九条）（洞院殿）
良実（二条）（善光円院殿）
実経（一条）（円明寺殿）
頼経
竴子（後堀河中宮　四条母）

基通　二代（普賢寺殿）（１１６０～１２３３）
家実　三代（猪隈殿）（１１７９～１２４２）

兼経　四代（岡屋殿）（１２１０～１２５９）
基平　五代（深心院殿）（１２４６～１２６８）
家基　六代（浄妙寺殿）（１２６１～１２９６）
家平（岡野殿）
経忠（堀河殿）
経平　七代（後浄妙寺殿）（１２８７～１３１８）

基嗣　八代（後岡屋殿）（１３０５～１３５４）
道嗣　九代（後深心院殿）（１３３２～１３８７）
兼嗣　十代（後六条殿）（１３６０～１３８８）
忠嗣　十一代（後普賢寺殿）（１３８３～１４５４）
房嗣　十二代（後知足院殿）（１４０２～１４８８）

政家　十三代（後法興院殿）（１４４４～１５０５）
尚通　十四代（後法成寺殿）（１４７２～１５４４）
稙家　十五代（恵雲院殿）（１５０２～１５６６）
前久　十六代（東求院殿）（１５３６～１６１２）

信尹　十七代（三藐院殿）（１５６５～１６１４）
前子（後陽成女御　後水尾母）
信尋　十八代（後陽成皇子　本源自性院殿）（１５９９～１６４９）
尚嗣　十九代（妙有真空院殿）（１６２２～１６５３）
基凞　二十代（応円満院殿）（１６４８～１７２２）
家凞　二十一代（予楽院殿）（１６６７～１７３６）

家久　二十二代（如是観院殿）（１６８７～１７３７）
尚子（中御門女御　桜町母）
内前　二十三代（大解脱院殿）（１７２８～１７８５）
経凞　二十四代（後予楽院殿）（１７６１～１７９９）

基前　二十五代（証常楽院殿）（１７８３～１８２０）
忠凞　二十六代（後三藐院殿）（１８０８～１８９７）
忠房　二十七代（光山）（１８３８～１８７３）

篤麿　二十八代（霞山）（１８６３～１９０４）
文麿　二十九代（虎山）（１８９１～１９４５）
文隆　三十代（春山）（１９１５～１９５６）
忠煇
通隆（１９２２～２０１２）

兼平（鷹司）（穏念院）
長子（後堀河后）

目次

序　章

今日において、近衛篤麿《このえあつまろ》（一八六三～一九〇四）の名前を知っている人はどれほどいるだろうか。彼は二七歳の時に政治家になったが、四〇歳という若さで他界したので、その生涯において社会的活動に携わった年数は僅か一三年間でしかない。それでは、生前の彼の知名度はどの程度だったのかと思い、某新聞社のデータベースを使って「近衛篤麿」のキーワードで記事検索をしたことがある。結果は、広告なども含めて一五〇〇件以上の記事が表示されたので驚いた記憶がある。しかし考えてみれば、近衛は貴族院議長を務め、対外硬派としても活発な言論活動を展開していたのであるから、妥当な数字といえるかもしれない。

近衛の死後、大正、昭和の戦前・戦中期までは彼に言及した書物も数点出版されていた。

そのことは、長男である文麿が若くして将来を嘱望されていたこと、そして実際に三度にわたって首相の座に就いたこととも関わっているのかもしれない。一九四一（昭和一六）年に出版された白柳秀湖の『近衛家及び近衛公』はその代表といえるだろう。同書では篤麿にも記述が及んでいるが、序文では次のように述べている。「近衛家の歴史を知るといふことは、やがては日本民族生成発展の歴史を識るといふことに当り、延いて今次の新体制が国家発展の歴史の上に、如何なる地位を占めるものであるかを認めるといふことにも当る」。この文章には時代を感じさせるものがある。

近衛に関する著作で、戦前を代表するものは工藤武重の『近衛篤麿公』である。というより、近衛の死去から現在に至るまで、評伝はこの一冊しか出版されていない。同書は一九二五（大正一四）年に完成を見たものの、出版を予定していた政教社が資金難のため長きにわたって日の目を見ず、三八（昭和一三）年に至ってようやく大日社から出版されたものである。時はまさに、第一次近衛文麿内閣の時期であった。一九九七（平成九）年に出された同書復刻版の「解説」によれば、著者は東亜同文会と国民同盟会の活動メンバーだったとのことで、同書の記述が近衛に関する細部にまで及んでいることにも合点がいく。

それでは第二次世界大戦後においてはどうか。戦後しばらくの間、近衛の名前はほとんど語られることはなかったようだ。出版面ではもちろん、学術研究面でもおよそ四半世紀にわたって空白状況が続いていた。そうした中で、ただ一人研究を進めていたのが山本茂樹（旧姓相原）であった。その研究を集大成した『近衛篤麿――その明治国家観とアジア観――』は、近衛を論じた戦後唯一の著作であり、今日でもその価値は失われていない。同書が出版されたのは二〇〇一年であるが、その後は近衛を様々な側面から分析しようとする個別研究がなされるようになっている。ただ、近衛の全体像を問おうとする研究は、山本の著作以来現れていないのが現状である。

戦後、近衛への関心が低下したことは事実であるが、そこには何か原因があったのだろうか。山本はそれが戦後日本人の中に広まった「進歩史観」と「自虐史観」に起因するとしている。著書では次のように述べている。「戦後になると、研究者の間で近衛評価は一八〇度転換し、進歩史観の時流の中で、またナショナリズムでさえも軍国主義と重ね合せてタブー視される世論の中で、近衛のナショナリズムもアジア主義も侵略主義・軍国主義であると酷評されるようになった」。

確かに、戦後の学術界や論壇ではアジア主義という言葉は語られることは少なくなる。それがかつてはアジアの解放を唱えながらも、結果的には日本のアジア侵略を正当化するイデオロギーとなったと一般的に考えられたからである。だが、こうした認識を「自虐史観」と評することは妥当といえるのだろうか。私見によれば、戦前・戦中にあった夜郎自大で極端な自国中心主義から解き放たれた時、その反動としてアジア主義が忌避されるようになったことは自然の成り行きであって、それが世論の誘導などによって生じた現象だったとは思われないのである。

まして、戦後における近衛に対する関心の低下あるいは評価を、自虐史観などという言説で説明しようとすることは、逆に彼の名を汚塵にまみれさせることになるのではないか。それは決して生産的な議論につながるとは思われない。近衛が「忘れられた人物」であるなら、再び歴史の中で正当に評価し直し、人々に知らしめればよいだけなのである。さらにいうなら、人物を研究することは決してその人物の顕彰だけを目的とするものではない。それは、ある人物がその生きた時代との関わりの中で、いかなる成果を残したか、そしてそれが現代においてどのような意味を持つのかを問うことに意義があると考えられるのである。

本書は以上のような立場から、近衛の全体像を捉え直そうと試みたものである。しかし、本書は研究書の体裁は取っておらず、あくまでも評伝として叙述を進めていくことにする。以下において、本書の各章のあらましを示しておこう。

第一章では近衛の幼少時代からドイツ留学時期までを扱う。京都で生まれて東京で育った近衛が、ドイツで法律を学んだことは後の政治家として、そして教育家としての基礎となったと考えられる。第二章では貴族院議員としての活動を見ていく。近衛の議会での発言を検討することによって、彼の思想的な立ち位置が見えてくることになるだろう。また、近衛がドイツで書いた論文「国務大臣責任論」が彼の立憲主義の基礎となり、伊藤博文の超然主義に対する批判の武器となったことも論じていく。近衛の海洋および北海道問題への関心は、後の彼がアジア問題を論ずるに至る一つの経路になるであろう。

第三章では近衛の華族論と教育論などを扱う。近衛はこれまで、主として内外の政治問題との関連で論じられてきた印象がある。しかし、教育や文化の側面でも無視できない成果を残している。近衛と浄土真宗の関連では、朝鮮への布教に対する支援について述べる。

また、近衛のナショナリズムの性格を考える上では、伝統文化や歴史への姿勢を見ていく必要があると考えられる。敢えて対象とする範囲を広げた所以である。

第四章では東亜同文会での言説と活動を中心として、近衛のアジア主義を取り上げる。ここでは、黄白人種闘争の主張から始まった近衛が、「支那保全」論者として中国の政治状況に関与していく過程を論じているが、これを通して彼が理想論者ではなく極めて現実主義的な立場であったことが理解されると思う。東亜同文書院は戦前日本における最初の在外文化施設として知られるが、本章では開校に至るまでの過程と教育の特徴について簡単に述べていく。

最後の第五章では、義和団事件とそれを契機とする東南互保という中国の政治変動に際して、近衛および東亜同文会がどのように対処したかを論じる。そこでは、近衛と中国の政治指導者との人間関係が、大きな役割を果たしたことが確認されるはずである。この時期、ロシアの満洲占拠という問題が生じる。これに対処するために組織されたのが国民同盟会である。近衛はいかなる方策をもって満洲問題の解決に当たろうとしたのか。本章ではこうした問題が検討される予定である。

最後に、本書が利用した資料について述べておく。近衛の青年時代の随筆、読書記録、留学時代の出来事などは『螢雪餘聞』所収のものを利用した。一八九五（明治二八）年二月から一九〇三年三月までの行動と思索に関しては、一部欠落があるものの、現在公刊されている『近衛篤麿日記』（全五巻および付属文書）によって確認した。議会での発言は『貴族院議事速記録』（現在はインターネットで閲覧可能）を利用した。その他、近衛が行った講演記録、雑誌・新聞記事は可能な範囲で目を通した。もちろん、まだ網羅的でないことは自覚しているが、近衛の生涯を論じるに当っては差し当たり問題はないと考えている。

本書では、文中の引用については、原文の旧字は常用漢字に改めた。引用文のうち読みにくい語句には適宜ルビを付した。また、原文が片仮名混じりのものは、読みやすさを考えて平仮名に改め、必要に応じて濁点や句読点を付した。なお、第二章以下では『近衛篤麿日記』からの引用が多出するが、その際には『近衛篤麿日記　第〇巻』を（日記・〇）、『近衛篤麿日記』付属文書を（日記・文書）と略記する。なお、近衛家略系譜並びに歴代当主の代数は陽明文庫の図録（『近衛家王朝のみやび——陽明文庫の名宝』）を参照した。

第一章　近衛篤麿の成長過程と学問生活

一　京都時代の生活

近衛の家系

近衛家は藤原不比等の次男房前《ふささき》を祖とする藤原北家の嫡流である。家名は平安京の近衛大路に由来し、大路に面する宮門の名称にちなんで陽明ともいう。家祖は藤原忠通《ただみち》の四男近衛基実《もとざね》である。平安時代初期、藤原良房《よしふさ》が皇族以外の臣下で初めて摂政となって以来、摂政・関白は藤原北家の嫡流に伝えられていた。なお、忠通の六男が九条家の祖となる九条兼実《かねざね》である。

基実は関白、氏長者ついで摂政となったが二四歳で急死したため、弟の基房《もとふさ》が後を継いだ。しかし、後白河法皇と対立する平清盛によって基房は罷免され、基実の嫡男である基《もと》通《みち》が関白、摂政に任じられた。その後、平家が滅亡すると、基通は源頼朝によって斥けられるなどの変転があったが、最終的に基通の長男である家実《いえざね》が摂政に任じられて三代目当主となった。ここに、基通の近衛と兼実の九条という二流分立の形勢が定まった。鎌倉時代中期、近衛家から鷹司家が、九条家から二条と一条の両家が分立し、これより五摂家と併称されるようになった。

江戸時代の初め、近衛信尹《のぶただ》（第一七代当主）には嗣子がいなかったため、後陽成天皇の第四皇子である四宮《しのみや》を信尋《のぶひろ》として養嗣子に迎え入れた。これによって近衛家は皇別摂家となった。幕末期には、第二六代当主の忠凞《ただひろ》が島津藩と手を結んで国事に奔走した。近衛家代々の中で、政治的に最も重要な役割を演じた人物ともいわれている。しかし、政治的転変の中で浮沈も激しく、徳川幕府崩壊と共に失脚し、後に赦免されたものの政治に関わることなく、そのまま隠居生活に入った。彼の孫に当るのが篤麿である。

近衛篤麿（号は霞山）は一八六三（文久三）年八月一〇日（旧暦六月二六日）、忠房《ただふさ》と光

子（光蘭とも称す）の長男として京都に生まれた。家系を見たように、近衛家の当主となることが予定されていた人物である。

父忠房は、妻が薩摩藩主島津斉彬の養女であったこともあり、忠凞と同様に、薩摩藩と提携して政治活動をすることが多かった。一八五一（嘉永四）年、忠房は権大納言となり、六二（文久二）年には国事御用掛を兼任するが、尊皇攘夷派の急進的な行動を危惧して、翌年の「八月十八日の政変」に関与している。その後は内大臣を経て左大臣となる（篤麿が誕生した当時は内大臣の地位にあった）。しかし、時流の大勢が尊皇攘夷となっていることを認識し、王政復古の直前に官を辞している。

篤麿には二人の弟と一人の妹がいるが、長弟の英麿《ふさまろ》は後に旧弘前藩主である津軽承昭《つぐあきら》の養子となり、早稲田大学と学習院大学の教授を務めた。次弟の鶴松は浄土真宗高田派管長である常磐井《ときわい》堯凞《ぎょうき》の養子となって常磐井堯猷《ぎょうゆう》と改名し、堯凞の死後は管長の地位を継いでいる。妹の泰子は後に貴族院議長となる徳川家達《いえさと》に嫁いだ。

近衛家の屋敷は御所北側の今出川御門近くにあったが、白柳秀湖の記すところによれば、篤麿は生後まもなく近衛家の家臣である加治正教《まさのり》の家に預けられ、保母である内藤さと子によって育てられたとされる（白柳、前掲）。そして、数年にして京都の桜木にある近衛別邸に住む祖父忠凞の下に引き取られている。なぜ両親ではなく、祖父に引き取られたのかといえば、一八七〇（明治三）年六月に父の忠房が明治政府への出仕を命じられて、東京に移っていたからである。彼が両親と共に過ごした時間は、おそらく短かったであろう。

幼少時の教育

一八七二年八月に学制が公布されると、近衛は銅駝小学校に入学したと評伝には記されている（工藤、前掲）。ただ正確を期すなら、この校名は七五年以降のものであって、それ以前は上京第三十一番組小学校と呼ばれていた。彼は同校において、「好んで同輩と交はり……毫も尊貴を挟みて衆人に驕るの色」はなかったということである。

しかし、普通教育が近衛に何らかの特別な影響を与えたとは考え難い。彼はこれ以前から、家庭教師を招いて漢学を学び始めていた。こちらの方が、彼の知識の基礎を作ったといえるだろう。彼が教えを受けた人物として名前が分かっているのは、林正躬《まさみ》、三国幽眠《ゆうみん》・一慤《いっし》親子、小泉清渓、巌垣《いわがき》六蔵（岩垣とも表記される）らである。

林正躬には『清国史略』などの著作があるが、当時は上京第廿四区丸太町で経書などを教える塾を開いており、後には京都府教育会の幹事に就任するなど、京都教育界の重鎮となる人物である。三国幽眠は鷹司家の侍講を務めた人物で、明治維新後は宗教関係を司る教部省の教導職である権大講義《ごんのだいこうぎ》となった。幽眠の息子である一愨は、後に京都尋常中学校の国語教師を務めることになるが、近衛とはどの程度まで親しく交わったかは不明である。小泉清渓については、小泉武則あるいはその縁者ではないかと推測する研究もある（山本、前掲）。その可能性は多分にあるものの、ここでは不詳としておく。

以上の家庭教師のうち、巌垣六蔵が近衛に与えた影響は、より深いものがあったのではないだろうか。六蔵は本姓を岡田といい、号を月洲という。一時、京都にあった学習院の講師を務めた後、師の龍渓とその後継者の没後に、巌垣姓を名乗り私塾遵古堂を継いでいた。巌垣は漢学者でありながら、その学問傾向は「経済実践を以て主と為す」というものであったという。ある時門人が、列強が日本に開国を求める中、日本は和戦いずれによって対応すべきかを問うた時、巌垣は「我邦、昇平なること二百年、国窮まりて兵弱し。今日の急務は、富強の術を講ずるより急ぐは莫《な》し。何ぞ和戦の得失を論ずる暇あらん」と答えている（杉浦楠陰「巖垣月洲伝」）。近衛もこうした現実重視の影響を受けたことは想像に難くない。

近衛は巖垣に師事したとはいえ遵古堂には寄宿せず、師自らがわざわざ近衛宅に出向いて教授した。その理由は、塾が劣悪な住環境であったからに他ならない。そこは虱がはびこり、冬になれば壁の隙間から雪が吹き込んで来るような建物であったのである（猪狩史山・中野刀水『杉浦重剛座談録』）。さすがに巖垣としては、名門貴族の子弟をそのような場所で学ばせるわけにはいかなかったのだろう。

なお、巖垣には『西征快心篇』という著作がある。これは漢文で書かれた空想小説であるが、その内容は日本が中国問題をめぐってイギリスとの戦争に勝利した後、自らが中心となって新たな世界秩序を構築するというものである。これが後年の近衛のアジア主義の形成に、何らかの影響を与えたのではないかとする研究もある（山本、前掲）。非常に興味深い指摘であり、その可能性も否定できなくはないが、現在のところでは依然として推測の域に留まっているといわなければならない。

さて、一八七三（明治六）年七月一五日、東京に移っていた父忠房が家督を継がないまま三四歳という若さで没した。出仕後、一時は神祇官大副の地位にあったが、最終的には非役であったという。そのため、近衛は同年九月一五日、一〇歳にして家督を相続することとなった。ここに近衛家第二八代当主となったのである。その後、七七年一月一〇日に元服し、同月二〇日には従五位下に叙せられた。当時、旧公家の多くが東京に移る中、依然として京都に留まり続ける近衛家に対し、朝廷内には東上を促す声が上がっていた。そして、三条実美の周旋などもあって、五月三日に勅命が下り、近衛を宮内省の侍従職に勤務させる運びとなったのである。

近衛は一八七七（明治一〇）年七月二五日、東京に移り麹町区（当時は第三大区）下二番町の屋敷に入った。この時、祖父の忠凞は彼と行動を共にしなかった。おそらく、生まれ育った京都を離れ難かったのだろう。しかし同年冬、忠凞は意を決して東上し、篤麿と同居することとなった。母と三人の弟妹は、既に東京にいたはずである。これ以後、彼は新たな生活へと入っていくことになるのである。

二　東京での生活

漢学から英学へ

近衛篤麿は宮内省侍従勤務を命じられたが、その職は名義上のものであって、もっぱら学業に専念するところとなった。伝記によれば、彼は当初「大久保敢斎に漢籍を学び、一週一回本省に上り、典故を見聞し、旁ら和歌国文を学ぶ」という生活を送っていた（工藤、前掲）。

大久保は東京府士族で、一八六四（文久四）年二月に私塾就正社を開業していた。学科は支那学で、授業内容は四書、小学、書易、皇漢歴史にわたるものであった（東京都立教育研究所『東京教育史資料大系』）。場所は下二番町にあり、近衛の家から近かったようだ。彼は七八（明治一一）年三月までここに通ったものと見られる。

祖父の近衛忠煕は一八七七年末の東京移転と同時に、京都桜木邸の家政整理を島津家の家臣高崎正風《まさかぜ》に委託した。正風の父の五郎右衛門は、島津家の継嗣をめぐる争いに関与したため切腹を命ぜられ、正風も連座して奄美大島に流刑となった経験を持つ。彼は一八七一年に新政府に出仕し、翌七二年に左院視察団の一員となり二年近くにわたって欧米諸国を視察した。七五年には宮中の侍従番長、翌年から御歌掛などを務めており、後には国学院の初代院長となっている。

高崎は京都の家政整理の一方、しばしば下二番町の近衛邸にも出入りしていたが、篤麿と接するに及んでその才能を知り、将来「大政輔翼の責に任じ、天下に重きをなす為には、必ず泰西の学に詣《いた》り、且つその堂に入らざるべからざる所以を」進言した（白柳、前掲）。これまで主に漢学を学んできた近衛に、西洋の学問を学ぶべきことを勧めたという点で、高崎との出会いは彼の人生における大きな転換点となったといってよいだろう。

高崎が篤麿に洋学の師として薦めたのは鮫島武之助であった。鮫島は慶應義塾を卒業してアメリカに留学した経験を持ち、当時、東京外国語学校（現在の東京外国語大学）の教師を務める傍ら、麻布永坂町に英学塾を開いていた。近衛は一八七八年三月二一日、鮫島塾に入り英語を学び始めた。当初、彼は自宅から人力車で塾に通っていたが、同年一二月に塾が芝山内（増上寺境内）円山に移転すると、家臣の神原信正と共にそこに寄宿することなった。後年、鮫島は以下のように回想している。

公の幼時、必ずしも著しき特徴あるを見ず。唯々其挙措、従容迫らず、進退自然に節に合ひ、一見凡種たらざるを知る。頗る気概に富み、少しく苦言を呈することあれば、双眼紅を潮し、遺憾残恨、自ら禁ずる能はざるの態あり。唯々然り、故に克《よ》く訓諭を牢記し、過《あやまち》を再びすることなく、学業亦随て上達するを見たり。(工藤、前掲)

近衛は日頃は悠然として落ち着いた生活態度であるものの、負けず嫌いで意志の強い性格であったことが分かる。同時に、彼は鮫島塾で体育にも励んだ。彼は小学生時期より相撲が好きだったといわれる。再び伝記によれば、近衛は「角觝《かくてい》を以て必須の日課と為し寒暑晴雨之を廃せず。雨雪の日に在りては、室内に於て之を演ず。師弟同学交々《こもごも》技を闘はし、流汗淋漓、疲労の極に至らざれば已まず」というほど、相撲に熱中していたのである(同前)。相撲はこの後、近衛の生涯にわたる趣味となる。

鮫島塾での修学生活は、近衛の知識を飛躍的に向上させたものと見える。一八七九(明治一二）年七月、彼は共立学校（現在の開成中学・高等学校）に入った後、九月には大学予備門（後の第一高等学校、現在の東京大学）に入学を果たした。しかし、彼は翌八〇年春より胃を患うこととなり、学業を継続することが困難な状態となってしまった。彼はやむなく大学予備門を中退し、同年一一月から近畿地方へと療養の旅に出ることになる。希望を持って迎えたはずの学生生活は、数ヵ月にして暗転することとなったのである。

療養生活を送る

近衛は道中、伊勢で弟の鶴松（当時、既に常磐井姓を名乗っていた）と会い、一二月には京都の桜木邸に暫く滞在した後、有馬温泉に至り、ここで新年を迎えた。一八八一（明治一四）年の元旦に当って、近衛は次のような漢詩を作った。

万戸千門賀芳辰　　万戸千門、芳辰を賀し
瑞気一開百事新　　瑞気一開、百事新たなり
今日何図居此地　　今日何ぞ図らん此の地に居りて

閑迎十有九年春　　閑《むな》しう迎う十有九年の春

この一編からは、病が原因とはいえ、思いを遂げることができずにいる近衛の無念さが、ひしひしと伝わってくる。

近衛は一月中旬に有馬温泉を去った。そして、大阪に立ち寄った際、府知事である建野《たての》郷三と接する機会を得た。建野は近衛の才覚を見て取り、彼が将来の日本政治において貴族として重要な役割を担うためには、早い時期に海外に留学して、西洋の文物・制度に関する学問を身に付けるべきだと考えたという（白柳、前掲）。後年、近衛は留学を希望する際に密かに彼に相談したといわれる。そうだとすれば、建野は近衛の海外留学の素因を作った人物の一人ということができるであろう。彼は建野の識見に心服するところが多く、この後もしばしば訪問したということである。

二月に京都に戻った近衛は、二七日に同地在住のかつての家臣七〇余名を集め旧交を温めた。近衛はその場で、旧臣相互の結合と親睦を図るべく陽明親睦会を発起している。これは一五年後に近衛家が家憲を制定した際に「陽明会」と改称されるが、近衛の人的ネットワークの構成要素となるものである。その後は、京都の古跡・名刹などを巡り歩いたり、近衛家の歴史を調べるなどして日を過ごした。無聊の時は、旧友・旧臣らを京都桜木邸に招いては詩歌や吟詠を楽しんだという。

その中には、かつての師である三国幽眠もいた。後にドイツに留学した際に、近衛は「三国幽眠ノ詩」という一文を書き、「先年余の病を得て京師に遊ぶや翁（三国を指す——引用者註）屡《しばし》ば来て飲み且つ吟ず。酔へば必ず一弦の琴を弾ず。余月琴を以て之に和す」と記し、この時のことを懐かしんでいる（『螢雪餘聞』第九冊所収）。

なお、三国はドイツにいる近衛に宛てて、次のような詩を送っていた。彼も近衛と親しく遊んだ日を懐かしく思っていたのである。

屈指曾遊已六年　　指を屈せば曾遊より已に六年
桜花邸裏侍高筵　　桜花の邸裏、高筵に侍《はべ》る
記無金盞銀燈下　　記《おぼ》ゆ金盞《せん》銀灯無きの下
君鼓四絃吾一絃　　君は四弦を鼓《う》ち、吾は一弦

一八八一年八月八日、健康を取り戻した近衛は東京へ戻った。その後、彼は大学予備門に復学することなく、自宅で独学によって知識を広めていった。その先には、ヨーロッパ留学が見据えられていたのである。

三　ヨーロッパ留学に至るまで

海外留学を志す

近衛篤麿は一九歳から、独学で和漢洋の様々な学問に触れて知識を広めた。彼はこの時期まで、折に触れての見聞や感想を手記として残しているが、これより二十代半ばまでに書かれた文章が後に編集されて『螢雪餘聞』として公刊されることになる。そこに書かれた文章からは、青年時代における近衛の旺盛な知識欲と、倦むことのない向上心を窺い知ることができる。

『螢雪餘聞』に書かれた文章を読むと、当時の近衛の関心は多岐にわたっていたことが分かる。中でも、既に人種問題に関する文章を著していたことは興味を惹くところである。いつ頃書かれたものかは不明であるが、それは「日本人種論」と題したもので、国学者であり古代史にも詳しい横山由清《よしきよ》の「日本人種論並良賤ノ別」（『学藝志林』第二三冊所収、一八七九年）の読後感を記したものである。

横山はその論文において、古来東アジアの地では人々の往来が容易であったため、移住者の中で優れた者は、その土地の君主・将相・牧宰・吏卒となって、民衆を統治し教育を施し、風俗を改良したとする。そして日本においては、東北の蝦夷の民も「終には華夷混同して同一種の人の如くにはなれりしなるべし」と述べていたのである。

こうした横山の指摘に対して、近衛はそれには確固とした証拠はないとはいえ、日本古代史の諸般の起源を韓に求めた藤貞幹《とうていかん》の『衝口発』と符合する部分もあることから、「信をおくに足らんか」と肯定的に評価している。彼は横山の唱える東アジア民族の歴史的混合説を認め、同一人種説の立場を示していたのである。近衛が東アジアを一体とする見方の起源は、あるいはここにあったといえるかもしれない。

近衛が最も力を注いだのは英語の学習であった。学習成果は目に見えて上がったのであろう、彼は次第に海外留学を望むようになった。当初、彼が希望する留学先はイギリスかアメリカであったため、その旨を三条実美（太政大臣）、岩倉具視（右大臣）、徳大寺実則《さねのり》（宮内卿）らに告げ、斡旋してくれるよう願い出た。

これに対して、三条と徳大寺は時期尚早という理由から、また岩倉は自由主義の影響を受けることを嫌ってこれに反対した。岩倉によれば、英米両国のごときは自由民権思想が極めて盛んで、こうした思想は日本の国体や国風と相容れるものではない。もし近衛が彼の地に留学したならば、知らず識らずのうちに感染し、これを信奉することとなるだろう。そして帰国後、この思想を社会に宣伝したならば、日本固有の名教を破壊し、ひいては不測の危害を生じさせかねないとされたのである。

岩倉は、近衛がどうしても海外に出たいというのなら、君主独裁制を採るロシアに行くように勧めた。しかし、ロシア語学習経験のない近衛が、これに応じるはずはなかった。どうにかして英米留学を実現させたい近衛は、旧師や友人に相談して回った。そして、駐露公使の任を終えて帰国した柳原前光《さきみつ》は、近衛の留学希望の熱意を知るに及んで斡旋の労を執ることとなった。柳原家は近衛家の支流であったため、前光は篤麿の希望を実現させるべく動いたのである。

柳原が斡旋に動こうとした時、近衛の英米留学に頑強に反対していた岩倉は世を去っていた。すると、三条と徳大寺はこの問題に口出しすることはなくなった。そして、徳大寺に代わって宮内卿となった伊藤博文は近衛の希望に応じるべく奏請し、遂に一八八四（明治一七）年九月二七日にオーストリア留学が認可された。伊藤は後に近衛の政敵となるが、個人的には彼の才能を見出してくれた人物である。留学先がなぜ英米ではなくてオーストリアにされたのかといえば、日本の国体と国情を鑑みて、皇帝権限の強い同国が最適だとされたためであった。

伊藤博文
〔©Wikimedia Commons〕

なお、近衛は同年七月に公爵に列せられており、翌年三月には前田衍子《さわこ》（加賀藩主前田慶寧《よしやす》の娘）と結婚している。

ヨーロッパへ旅立つ

近衛がオーストリアに向けて東京を出発したのは、一八八五（明治一八）年四月一八日のことであった。翌日、彼はフランス船ボルガ号で横浜を出航した。それからの航程は日誌「航西紀行」（『螢雪餘聞』第八冊所収）に記されている。出航の日に当っては「余元より積年の宿志を達せしことなれば、心は壮快に覚ふれども、故国を去るの悲嘆は是れ人情の免れざる所なれば、家を出しとき、老厳公（祖父忠凞を指す――引用者註）に分袂せしとき、及び船中にて諸子に分れしときは、実に心細く覚へたりし」と率直な心境を綴っている。

近衛は航海の途中、アジアの現状を実際に見ていくことになる。四月二四日、台湾海峡にある澎湖島に立ち寄った際には、清仏戦争後の同地の状況を目の当たりにして、次のように記している。

已に仏国旗の所々に翻へるを見る。已に碧眼の占むる所となりしや知る可《べ》し。愍《あわ》れむべき哉。然れども我国も隣国の地漸次に西人の蚕食する所となる、何ぞ之を対岸の火視して拋却して可ならんや。唇亡歯寒の喩《たとえ》鑑みるべき也。

ここには、未だ情緒の域を出ないものの、近衛の中に西洋対アジアという考えが生じていたことを窺うことができる。

しかし、二日後に上陸した香港では、中国人の生活の不衛生さに辟易する思いを綴っている。曰く、「路傍土人を見るに辮髪にして跣足《はだし》也。土人の市街は臭気に堪へず。輿丁車夫［中略］衣服日本に未だ見ざる所ろの汚穢也」。近衛としては、これがかつての栄華を誇った中華帝国の社会的現実なのだという思いを抱いたことであろう。他方、シンガポールにおいて金銭をせびる子供たちに、船上から小銭を投じて「船中の善き慰み」とする近衛の姿勢からは、日本のエリートという高みからするアジアへの眼差しが感じられることも事実である。

八月七日、近衛は目的地ウィーンに到着した。翌日の日誌には、「是より勉学に従事し、又五年淹留中の行記を筆するの暇あらざれば、今日を以て限りとし、是に於て筆を擱す」と記されている。ここからは、学問に対する並々ならぬ決意を見て取ることができる。そのことは、到着後に詠んだとされる次の一首にも表れている。

波あらき千里の海も過ぎにけり　いざ分けいらん文のはやしに

苦労を重ね、ようやくここまで来たという思いが、この歌からは伝わってくる。かくして、二二歳の近衛はオーストリアで、そしてその後はドイツで学問の研鑽に励み、大きな成長を遂げることになるのである。

四　近衛篤麿の留学生活

ドイツ語の学習を始める

近衛篤麿がウイーンに到着したのは、一八八五（明治一八）年七月二日のことだった。まず、ウイーンでは公使館付きのオーストリア人からドイツ語の初歩を学んだ。その後、テレジアニッシェ・アカデミーの教授であるフォン・ワーゲンフェルトに師事し、数ヵ月にわたって「ヒットルドルフ」という農村でドイツ語を学んだとされている。

オーストリアに来た当時、近衛は「未だ独乙語一丁字を解せず」の状態であり、ドイツ語の学習は、「日に三才の童子の言句を習ふが如く」遅々たるものであったと記している。彼としては、一日でも早く言語を習得して専門の研究をしたかった。そこで、速成の学習法を願い出たが、師はこれを不可として正規の方法に従うことを強く勧めた。また、近衛は初学者に読める本の紹介を頼んだが、これも時期尚早といわれた。ワーゲンフェルトは厳格な指導方針であったようである。

しかし近衛は諦めず、ある日、書店で一冊の本を買い、独力で翻訳に取り掛かった。読むうちに、どうやらそれは古の聖賢の逸話集であるらしいことが分かった。彼はまだ文法を十分に理解していなかったが、ひたすら辞書を頼りにこれを訳し上げた。近衛は「後日之を見ば自ら笑に堪へざるべしと虽《いえど》も、亦以て当日の辛苦を回顧するにたるべし」と記している。八月上旬のことであったが、彼の向学心の一端を窺うことができる。

近衛は九月二九日、ドイツのベルリンに赴き、公使の青木周蔵にその後の学習計画を相談したところ、青木は近衛にドイツで学ぶことを勧めたため、彼もそれに従った。青木という第一級の外交官が、異国の地において若き日の近衛に与えた影響は大きなものがあったという指摘がある（瀬岡誠「近衛篤麿と関係集団」）。後年の近衛の華族子弟の教育への熱心な関与は、青木の影響によるものと見られるからである。

近衛の留学先の変更に当っては、宮内省は転学の申請を特に免除した。そこで、近衛はベルリンのリヒターフェルデにあるミュラー家塾に入り、ドイツ語と一般教養を学んだ。しかし、近衛はここに長く滞在するつもりはなかった。そして、ミュラーが一八八六（明治一九）年五月に死去すると、近衛は七月にボンに移り、一〇月二二日にはボン大学に入学することとなる。

宗教に関する論争

ボン大学入学の少し前、近衛は七月二三日から八月九日まで南ドイツへ旅行した。この旅行の途中、近衛は松村任三《じんぞう》（当時、東京大学助教授）と橋本春《はじめ》（医学生。陸軍軍医総監橋本綱常の子）と、宗教をめぐって論争を行っている。その内容は、「南独漫遊草」（『螢雪餘聞』第一〇冊所収）に記されているが、青年時期の近衛の思想傾向を知る上で参考になるので、ここでその議論を簡単に見ておこう。

近衛が彼らと出会ったのは、八月一日、ヴュルツブルグにおいてであった。橋本とは以前から面識があったが、松村とは初対面だった。彼らは市内見物をした後、レストランで飲食を始めると、話は宗教問題に及んだ。

松村は次のように述べた。自分は生物学者の立場から、これまで進化論を信じてきたが、ドイツに来てからは宗教でなければ人心を収攬することができないことを知るに至った。しかるに、日本の神道は宗教としての性質を備えておらず、これを手段とすることは難しい。他方、仏教は宗教の体裁は持つものの、学理に富んだ僧侶は少なく、愚民からは歓迎されても知識人には受け入れられないとする。

結論として松村は、「余の首として望む所は、耶蘇教を日本に盛んならしむるにあり」として、キリスト教の国教化が必要だとした。そして、大学で神学を教えて学識に富んだ宗教者を養成し、各地に教会を建てて国民にその宗教の貴さを示すことが必要だと主張した。橋本も同意見で、仏教徒に罰則を科してまでもキリスト教の国教化を実現すべきだと述べた。

これに対して近衛は、神仏両教が不完全であることは認めつつも、日本に西洋の宗教を根付かせることは難しいとし、むしろ既存の仏教を改革して、国民を宗教の高みに進ませる方がよいとする。仏教を改革することができれば、西洋の宗教を導入する必要などないというのである。しかし、松村らにとっては宗教の是非だけが問題なのではなく、日本は非キリスト教国であるがゆえに欧米人に侮られているのではないかということにも関わるものであった。彼らにはキリスト教国＝文明国という思いがあったのである。

この問題は九月に入ってから、松村との書簡を通じての論争になる。松村は次のように記す。「Religion なき国は野蛮というも過言に非ず」、「耶蘇教を日本に入れて益々これを盛んならしめんに、あるいは害ありとも、今の無宗教に如かず思い候」（「松村任三氏ノ書簡」、『螢雪餘聞』第一一冊所収。なお、原文はローマ字で書かれている）。松村は、日本がキリスト教国となることで西洋の文明国と対等になり得るというのである。ローマ字の使用からも分かるように、彼は徹底した欧化主義者だった。

返書において近衛は、仮に日本がキリスト教国になったとしても、西洋各国がにわかに対等と見てくれるかは疑問だとし、「若し我国の文化進み、百般のこと欧州を睥睨するに至らば、宗教は変ぜずとも彼耶蘇教国は腰を屈して相交際せんことを望むは、鏡に掛て見が如し」と述べている（「松村任三氏ニ質ス」、同）。近衛は、国民性と国民文化に基づくことによって近代化を成し遂げ、富強国家となって列強と対等に渡り合えることを望んでいた。かくして、彼はドイツの地にあって、日本人留学生との議論を通じて欧化主義反対の思いと、自らの民族性についての意識を強くしたといえる。

しかし、近衛は友人たちと、いつも難しい議論をしていたわけではない。彼が留学時期に、陸軍一等軍医としてドイツに留学していた森鷗外と親しく交わったことは良く知られている。鷗外の『独逸日記』の一八八六（明治一九）年七月三〇日の条には次のように記されている。

午後近衛公、加藤、岩佐とウルム湖に遊ぶ。近衛公加藤と角觝の戯を作す。その相対するの状を見るに、公は身短くして肥え、加藤は長くして痩す。観者皆笑ふ。已にして加藤を攫《つか》み、一間許《けんばか》りも投げ出したり。その膂力想ふべし。加藤は是より数日間頭痛に苦みたり。是より公と競走を為す。余敗北す。然れども角觝と違ひ、頭痛だけは免れたり。(一間は約一・八二メートルに相当する)

ここに出てくる「加藤」とは加藤照麿、「岩佐」とは岩佐新《あらた》で、後に二人とも医師にして貴族院議員となる人物である。幼少の頃から相撲好きだった近衛は、ドイツにまで行って怪力ぶりを発揮していたのである。それにしても、近代日本の若きエリートたちが、屈託なく遊びに興じる様には微笑ましいものがある。

日本とアジアを考える

ボン大学に入学した近衛篤麿は政治・法律学を専攻した。指導教授となったのはヨハネス・ユストゥス・ラインである。ラインは日本で実地踏査を行ったことのある地理学者で、日本研究者としても知られる人物である。ラインは近衛の就学や住居の手配など、公私にわたって面倒をみてくれた。そのため、近衛は祖父の忠煕に、ライン宛てに礼状を送ってくれるよう依頼しているほどである。

近衛は一八八六（明治一九）年一月一五日に祖父に宛てて、弟の英麿、鶴松の西洋留学を勧める書簡を送っている。今の時代では、少しでも早くから西洋の知識を吸収するのがよいというのがその理由であった。同時に、彼は「西洋人の日本人を見下るは大人小供の差別無御座候間、大人に成てからは実に堪難き口惜しき事も有之《これあり》」と記しており、彼自身も不当な差別を受けたことを臭わせている。彼はヨーロッパ社会の明と暗の両面を見ていたといえよう。

近衛は英国滞在中の藤波言忠《ことただ》の誘いを受けて、一八八六年九月中旬から二〇日間近くロンドンに遊んだ。近衛は、同地では在留日本人名士と会うなどした後、連日各所を観光して回った。九月二〇日には水晶宮を見学したが、近衛はこれを「実に大建築にして鉄柱を以てなり、四面上部張るに玻璃を以てす。遠見すれば氷山の如く実に水晶宮の名に恥ぢざる者と云ふべし。庭園も亦美なり、且つ其地位の高燥なるが為に一層盛観を益す」と絶賛している。

しかし、同日の夜に訪れた「日本村」は最悪の印象を与えた。これはオランダから日本に帰化した人物が、ロンドンで日本の芸能や生活を紹介する施設として開いたもので、物珍しさから多くの見物客が訪れていた。しかし、近衛からすれば、それは「日本労力者の如き下等社会の者の状を洋人に示して巨利を博せんとの意」をもってする低俗な興業であって、歌舞音曲のあまりの酷さには「実に地にも入らん心地せり」とまで記している。また、職人の仕事を紹介する一角では、「皆半天を着し或はどてらを着して坐する様は甚だ見苦かりし」と書いている。名家の一員としての矜持を持つ近衛にとって、西洋人に流行する日本趣味につけこんだ低俗な見世物は許せないものであったに違いない。

ロンドン滞在中の近衛は物見遊山が主であったとはいえ、社会の観察にも怠りなかった。彼はイギリスが世界最大の植民地を持つ国家であることを認める。しかし、その国家の首都であるロンドンの市民が皆富んでいると考えるのは間違いであるという。近衛はそこに絶大なる貧富の格差を見て取っており、「富の最も大なる者は英人中にあり、又貧の最も大なる者も英人中に在りと云て可ならんか」と記していたのである（「廿日ノ夢」、『螢雪餘聞』第一〇冊所収）。彼は資本主義社会の矛盾を認識していたといえよう。

その一方で、近衛はこの間、次第にアジア諸国の連携強化の必要性を認識していったように見える。一八八六（明治一九）年八月に起きた中国人水兵による暴力事件（長崎事件）

の報せに接した際には、日中両国の些細な争いが列強の介入の口実となることを危惧する旨を述べていた（九月五日付、祖父宛書簡）。彼は日本と中国の連帯が必要だと考えていたのである。そうした考えは、中国の外交官である曾紀沢の著作（英文）を翻訳することによって、さらに強められたものと考えられる。特に以下の文章は、後の近衛の姿勢を考える上で参考になる。

今日東洋諸国に就て、余輩が最も憂ふる所は、各々些細の猜忌のために分裂して相好からず。東洋国同士の間柄よりも、寧ろ其の西洋国に対する間柄の方をして、較《や》や相近からしむるが如き迹あるは何ぞや。東洋国同士は宜しく一致連合して、其西洋国との交通関係をば戦敗より余儀なく生ぜるものにあらずして、彼我対等の条約より自から好《このみ》て造りたる者となし度《たき》ものにあらずや。

（「曾紀沢支那論」、『螢雪餘聞』第一二冊所収）

ここには東洋連合論に通じるものがあり、後の日中提携論の基礎となるものがあったと見ることができる。近衛がかつて澎湖島を見た際に感じた「唇亡歯寒の喩」が、曾紀沢の文章を通して両国の提携構築の必要性が現実として認識されるに至ったのである。

ライプツィヒに移る

一八八七（明治二〇）年一月、近衛がかねてより留学を勧めていた弟の津軽英麿と常盤井鶴松がボンに到着した。四月、近衛は彼らを連れてマインツやフランクフルトなどドイツ西部を旅行した。また同年夏には、ライン教授の案内のもと、弟らを含め総勢八人でアルプス山脈踏破の旅を行っている。

三〇数日にわたる旅の様子は、後年に書かれる「瑞伊漫遊記」に詳しいが、その過程でラインは行く先々の土地の地質や地層についての説明を行っており、近衛はその地理学に関する知識に感服する旨を記している。しかし一方では、ラインが費用の節約に努めて一行の疲労を顧みなかったため、近衛を含めて彼への不満の声が上がったという（工藤、前掲）。近衛は登山に懲りたらしく、九月一九日付の祖父宛ての書簡で、「此度の旅は半分は楽しみに、半分は苦しみに有之《これあり》」とし、「これ程高山を好んで歩行する人は……中々物好

留学中の登山　後列左から2人目が近衛
〔学習院 輔仁会雑誌 第47号 明治30年6月刊（国立国会図書館所蔵）〕

の至に御座候」書いているほどである。

近衛は一八八八（明治二一）年四月、ボン大学を去りライプツィヒ大学に転学した。ボン大学はドイツ有数の大学ではあったが、当時の在学生には貴族や富豪の子弟が多く、飲酒や遊惰に耽り学問に励む者が少ないように見えたためである。それに比べて、ライプツィヒ大学の学風は穏健で、学生も学問に真摯に取り組む者が多かった。一四〇九年に創設された同校は、一六世紀にはドイツ最大の大学といわれたほどであった。その後、一時衰退したが、一九世紀になってからは名声を回復していた。近衛は四月一五日に祖父に宛てた書簡で、「大学校は独乙《ドイツ》中にて二番目と申す位な立派なる学校に有之」

と報告している。

転学の後、近衛は商法学を専攻しようと考えていた。しかし、ある学友から、日本の名門貴族が弁護士となって商事訴訟を法廷で弁論するとは、何とも面白い話ではないかと揶揄されて考え直すこととなった。そこで一転して、憲法学とラテン語などを学んで、将来自国の政界に立つ素養を身につけようと決意したのである。近衛がこの大学で師事したのは、ワッハという人物であった。近衛が在学中に法学を担当したワッハ姓の教授としてはアドルフ・ワッハがいるので、おそらく彼が近衛の指導に当ったものと考えられる。ただし、彼の本来の専門領域は民事訴訟法と刑法であったようである。

近衛は学問に励む一方で、酒もよく飲んでいたようだ。ライプツィヒ大学へ転学した後、九月一六日付の祖父宛ての書簡では、「昨今は読書も不致《いたさず》ふらふらと酒飲暮し居候《おり》」とした上で、「独乙人の大酒は申上、御承知の事に候が、其中に入りても唯今では余りひけを取らぬ位に相成候」と告白している。彼はドイツ人学生との「ビールの決闘」に勝ったことがあり、この文章はそのことをいっているのだろう。近衛は日本にいた頃は毎日、ビールなら五本、ワインなら二本、日本酒は一升くらいは飲んでいたという。留学当初、彼は禁酒を誓っていたが、生来の酒好きのため結局は続かなかったのだ。なお、彼はこの書簡で髭を伸ばし始めたことを書いており、そのことはアルプス登山の写真からも確認できる。今日我々が見る髭姿の近衛の肖像の原点が、この頃にあったことを知ることができる。

話を学業に戻すと、近衛は当初日本憲法論をテーマとして卒業論文として書き始めていた。しかし、憲法問題は多岐にわたるので、特に憲法中の重要事項である「国務大臣責任論」にテーマを絞った。この論文はイギリス型立憲主義の学説を採用したものであった。彼は皇帝の権限を重んずるドイツの憲法や国法学を学ぶことで、逆にイギリス流の政治制度に共感を持つようになっていた。そして興味深いことは、近衛がこの論文で当時の伊藤博文の憲法論を論駁しようとしていたことである。帰国後、政治家となって伊藤と対決する原点が、この時にあったことが理解される。

一八九〇（明治二三）年六月、近衛は卒業論文審査に合格し学位を得た。かくして、留学の目的は達せられた。近衛は即座に帰り支度に取り掛かり、二九日にはライプツィヒを出発し、ベルリンを経てボンに立ち寄り、ライン博士に弟二人の世話を依頼した上で帰国の途に着いた。帰国したのは九月一二日であった。近衛篤麿、二七歳の時であった。

第二章　議会政治家としての近衛篤麿

一　政治活動の開始

一八九〇（明治二三）年九月に帰国した後、近衛篤麿は政治家、教育家として活躍し、対外的にはアジア主義者として積極的に発言していくことになる。本章においては、その中でも政治家としての近衛の活動を見ていくことにする。

貴族院議員となる

帰国後の近衛は有爵議員として貴族院議員に任ぜられた。一八八九年二月に公布された貴族院令第三条で、公爵・侯爵で満二五歳に達した者は終身議員となる旨が定められていたのである。既に、前年の二月に大日本帝国憲法が公布され、九〇年一一月には第一回帝国議会が開会される運びとなっていた。しかし、第一議会開会中に貴族院議長であった伊藤博文と副議長の東久世通禧《みちとみ》が病気で倒れたため、翌年一月一三日の午後の会議より近衛が仮議長を務めることとなった。彼を仮議長に推薦したのは、かつて留学計画を進めてくれた伊藤であった。

当時の貴族院においては、既に世に知られた名士が多く、彼らは近衛という人物を注目しておらず、些かの学問はあるだろうが一介の若輩者に過ぎないだろうと見ていた。ところが、伊藤が彼を仮議長に指名したため、満場の議員はあまりの意外さに驚かない者はなかった。多くの議員は伊藤の無謀さを笑い、近衛は冷笑の目をもって迎えられたのである。しかし、近衛の議事運営は公平無私で、実に見事なものであったため、議員たちは彼の非凡さを認めるようになったという（二条基弘《もとひろ》「華冑界の先覚近衛公」）。伊藤の人を見る目は確かだったといえるであろう。

貴族院はもともと、伊藤博文らによって自由民権勢力を代表する衆議院に対抗する役割の期待の下に作られた。そのため、初期の貴族院は政府擁護の立場であった。しかし、院内に作られた会派は、やがて政府に対して自己主張を強めていくことになる。その発端は、華族会館が貴族院への関与を深めようとしたことである。

一八七四（明治七）年六月に設立された華族会館は、早くから有爵議員の選出や研修調査などのための調査部を設けていた。そして、政策立案の役割を担うべく、九〇年一一月にこれを調査課に改組し、調査報告や参考書などを刊行した。そして、貴族院議員一般に向かって課員となることを呼びかけた。しかし、こうした動きは有爵議員の不評を買うところとなり、調査課は翌年四月に廃止されることとなる。議員の中には、経費負担が多額である上に成果が期待できないという不満や、調査課の立案が華族全体の意見と受け取られることを嫌い、退会する者が現れていたのである。

近衛はこうした動きを見て、華族会館と切り離して独自に調査研究を行おうと考え、それが院内会派の設立につながることになる。近衛は、第一議会招集直前の一八九〇年一一月四日、議会に臨むための準備組織の会合を開いた。これは二条基弘との共同提案になるもので、初めは「同志会」と称していた。そして、翌年四月二四日に「三曜会」と名を改め、帝国議会および華族に関する諸事を研究することを目的に、毎週月・水・金曜日に集会を開くこととした。同会の趣意書では、貴族院を正義の女神たるユースティティアに見立てた上で、次のように記している。

其の議員たるものは、政府の政略と政党の方策とを問はず、苟も偏見と認むべきものあれば決して之を助けず、以て誠意誠心我が皇室を護り、我が憲法を守り、又以て忠実に国利民福の道を講ずべきのみ。是れ啻《ただ》に本会員の確守する方針のみならず、亦た之を以て貴族院の輿論たらしめんと欲するなり。［中略］要するに本会は唯皇室の藩屏憲法の守護人たるに過ぎざるを以て爰《ここ》に其主旨を表白する耳《のみ》。

（日記・文書）

三曜会の規約の第一条には、「本会は国家に対する責任を全ふせん事を期し、専ら時務を調査講究するを以て目的とす」とある。創立当時の会員数は二五人であったが、いずれも信念の強い会員であったため、議会での発言や行動は常に活発であった。同会は谷干城《たてき》らによって組織された「懇話会」と並んで、貴族院における硬派を形成し、有力な勢力であった「研究会」としばしば対立していくことになる。一八九〇年代後半になると、貴族院では研究会系会派と懇話会・三曜会の議員数は拮抗するようになる。

他方において、近衛は第一議会閉会後の一八九一（明治二四）年三月一六日に、二条らと「財政攻窮会」を組織している。これはまもなく「月曜会」と名称を改めるが、その規約には「我邦の財政に関する一般の事項を調査研究する」ことを目的とし、貴族院の同志者を組織するとある。財政面を強調していることは、予算問題で紛糾を重ねた第一議会の後遺症であると指摘されている（佐々木克「初期議会の貴族院と華族」）。同会は同年一〇月までは順調に活動を続けた。しかし、第二議会から他の会派が活動を開始し、月曜会は出席者も減少し、翌年二月に会員に解散如何を問うた後、三月からは会合も開かれなくなり、実質的に活動を停止した形となった。

「国務大臣責任論」

一八九一年五月一一日、来日中のロシア皇太子ニコライが、滋賀県大津町で巡査に切りつけられるという大津事件（湖南事件ともいう）が発生した。この事件によって、内務大臣（西郷従道）と外務大臣（青木周蔵）が辞職したが、近衛はそれだけでは不十分だとして三曜会の会員と共に内閣総辞職を求める運動を行った。当時、問題とされたことは、政府が事件発生前に、仮に皇太子に危害を加える者が現れれば、皇室罪をもって対処する旨をロシア側と約束していたことであった。

このことに関して、五月三〇日、近衛は二条、島津忠亮《ただあきら》との連名で上奏を行い、政府の対応は「行政権を以て司法権を侵犯するものにして、立憲下、容すべからざるの曲匪たり」として批判した。しかも、犯行に及んだ者は巡査すなわち官吏の一員である。従って、内閣としては責任の所在を明らかにすべきであり、無為にこれを捨て置くことは、天皇に対する責任を軽んずるばかりでなく、国務大臣の輔弼責任を定めた帝国憲法五五条にも背くものだと考えられたのである（「湖南事件に関する上奏文」、日記・文書所収）。結局、奏議は容れられず、松方正義首相はじめ閣僚はその職に留まった。

以上のような近衛の姿勢は、ドイツ留学時代に確立されたものであった。前章で述べたように、彼は前年に「国務大臣責任論」という題目の卒業論文をライプツィヒ大学に提出していたが、この年の七月から三回にわたり、その主要部分たる後半部を『郁文会誌』に訳載している。翻訳の意図するところは、自身の憲法観を提示することで、時の権力の中枢にいる伊藤博文との見解の相違を明らかにすることであったと見られる。以下、その主旨を見ておくことにしよう。

近衛は天皇主権説の立場を取るが、個人としての天皇は政治責任を免れる存在であらねばならないとする。近衛によれば、主権と国権は区別されるものである。君主は統御するだけでなく施政するものでもあるからだ。君主の施政権（＝国権）は議会の協賛、国務大臣の補助を得なければならず、種々に制限を受けるものである。これに対し、「統御権即ち主権とは、君主が儀式上国家の一身に引き受けて、外

ドイツ留学時代
〔あの人の直筆（国立国会図書館所蔵）〕

面に表示する権を云ふ」。すなわち、近衛の考える主権とは象徴的なものに他ならない。ここから、「全く彼（天皇を指す――引用者註）は主権者なれば無責任ならざる可からず」と結論づけられる。

しかし、天皇といえども時として過ちを犯す場合もある。それゆえ、天皇の政治上の行為については、それが違憲行為と認められる場合は、国務大臣がその責任を負わなければならないのである。この点において、伊藤が『帝国憲法義解』（一八八九年）の中で、「（大臣は）其の固有職務なる輔弼の責に任ず、而して君主に代り責に任ずるに非ざるなり」としていたことは、「正鵠を失したる論」として批判されるべきものであった。

また、伊藤は「大臣の責を批判する者は君主にして、人民に非ざるなり」としているが、これもやはり批判の対象となる。近衛は、国民の代表である議会に、国務大臣（内閣）に対する告発権を与えることによって、大臣の責任を問うことができると考えていた。彼の認識では、議会に告発権を与えない国家は、立憲政体の本旨からすれば「完全なる憲法国」とはいえないものであった。そのため、本来なら憲法を改正して議会に告発権を与えるべきだが、現憲法の下でも大臣の憲法違反の所為を上奏することは可能である。これは告発権ではないが、当面の有効な手段だと考えられたのである。

以上において、近衛の「国務大臣責任論」を見てきた。彼の政治的立場は、概ねイギリス流の立憲主義を基礎とするものであったということができる。こうした思想の上に、彼は議会で政治活動を展開していくことになるのである。

二　初期議会での近衛の活動

精神社の結成

一八九一（明治二四）年八月、近衛篤麿一家は麹町区飯田町に転居した。同年一〇月一二日には長男の文麿が誕生した。しかし、直後の二〇日には妻の衍子が亡くなるという不幸に襲われた。五年間に及ぶ留学時期を挟んで、近衛夫妻が一緒に過ごせた日々は余りにも短かかった。翌年一一月、近衛は前夫人の妹貞子《もと》と再婚した。この後、彼女との間に三男一女をもうけることになる。(1)

一八九一年一二月、衆議院は解散され、翌年二月に総選挙が行われた。この時、松方内閣は民党に打撃を与えるべく、品川弥二郎内相と白根専一次官の指揮の下、民党候補者に対する大規模な選挙干渉を行った。品川は、政府に反対する候補者の当選を妨害することを訓示しており、警察による戸別訪問や投票勧誘、民党候補者の演説会場の襲撃、さらには運動員に対する傷害行為などが行われた。しかし、結果は民党側の勝利に終わった。一八九二年五月六日から第三議会が始まると、民党側は激しく内閣批判を行い、衆議院では政府不信任案決議がなされた。しかし、松方はこれを無視し、超然主義の立場を一貫して堅持した。

こうした中で、近衛は五月一七日と二三日に松方に忠告書を送っている。それは、松方内閣の対応が、益々民心を離反させることとなり、このままでは「不測の変動」を生じさせかねず、それと同時に、「万古不可換の憲法の解釈」である大臣責任の定義を議院において議決することは、後世に悪しき慣例を残すとするものであった（工藤、前掲）。この忠告書が、果たして松方にいかなる影響を与えたかは不明である。結局、松方内閣は閣内不一致をもって同年八月に総辞職する。これを継いで伊藤博文が内閣を組織した。

一八九二年四月一〇日、近衛は精神社を設立して雑誌『精神』を創刊し、ここを自らの言論発表の舞台とした。

『精神』創刊の意図は、立憲政治体制を確固たるものにすることにあった。近衛によれば、日本は立憲制を採用したものの、議会を見れば「区々たる感情の為めに官民相軋《きし》り、党派相争ひ、重要なる国家問題も、之が為めに左右せらるゝの不幸なる結果を見るに至」っている。これは立憲の趣旨を誤ったものに他ならない。そこで、近衛は次のように述べる。

> 吾儕《わなみ》茲《ここ》に痛憤大息し、国家の深憂陰禍慮ること久し。因て二三同志と相謀り、今茲に精神を発刊して、愛国尽忠の精神を推揮し、満腔の熱血を煥発するの機関に供し、以て今日の世道人心を矯正し、異日の禍患を防止せんと欲す。抑《そもそ》も吾儕の眼中既に吏党あるなく、又民党あるなし。唯至誠の利劒を磨し、公義の鋭鋒を礪き、蟊賊姦宄《ぼうぞくかんき》（邪悪の意――引用者註）の国家を蠹害《とがい》するものを筆誅せんとするものなり。私朋利党の国利民福を犠牲に供するものを打破せんとするものなり。皇室を捍衛して其の尊厳を保たんとするものなり。憲法を養護して其の神聖を発揚せんとするものなり。

（「精神発刊の趣旨」）

ここには、前年の三曜会の趣意書で述べられた「皇室の藩屏にして憲法の守護人」の姿勢が貫かれており、責任内閣制に基づく立憲主義確立に向けての強い意志を見て取ることができる。なお、『精神』は一八九五年一二月に『明治評論』と名称を改め、九七年一一月には『太平洋評論』と合併して『中外時論』となり、さらに同誌は翌年五月に『時論』と改題することになる。

新聞紙条例改正問題

一八九二年一一月二九日、第四議会が開かれた。この議会で近衛はいくつかの議案に関わっている。「新聞紙条例改正案」、「地租会議設置ノ建議案」、「小学校教育国庫補助ノ件」、「北海道調査完成ヲ要スルノ建議案」などがそれである。ここでは、前二者について見ていくことにしよう。

新聞紙条例は一八七五（明治八）年六月二八日に公布されて以後、数回にわたって改訂がなされていた。一八九三年一月九日、貴族院特別委員長に選任された近衛から議会に修正案が報告された。それは、（一）濫発の弊害を防ぐために保証金を必要とすること、（二）「発行禁停止」項目を復活させること、（三）発行届出期日は二週間から五日に変更すること、（四）刑は現行法に戻すこと、（五）一社につき二種以上の新聞紙を発行できないこと、（六）満二〇歳以上の男子でなければ発行人・編集人・印刷人となることができないことを内容とするものであった。

法案の審議においては、修正案が衆議院から送られた原案とは異なり、「内国人にして満二十歳以上の男子に非ざれば」発行人などにはなれないとされているのは、女性に参加を禁じているように見えるとして、修正の理由についての質問がなされた。これに対して近衛は、委員会で「近頃の女子は生意気になって宜くないことが大分あるから、是れは禁じた方が宜からうと云ふ御説が出ました」と説明している。しかし、委員会で女性の権利を殺ぐことに批判的な意見もあったことを紹介し、近衛が「実は私なども……殆ど同感でありま す」と述べていることは、彼が女性の参加を禁じる修正案に不満を抱いていたことを示唆しているといえよう。

次に、「発行停止」項目の復活に関しては、委員会ではこれを全廃させるという意見もあったという。しかし、一時に法を急変させることは極端から極端に走るようで好ましいことではないと判断された。むしろ、発行停止の期限を定めるという形で一歩を進めたということが復活の理由であったと述べている。

だが、近衛自身は発行停止が憲法と抵触するうえ、実効性を欠くものだとして、その復活には反対の立場であった。彼は法案採決の直前に、「発行停止を廃するに賛成の方、即ち我々と同説の御方は［中略］議長が決を採らるゝ時は、間違はずにちゃんと座って御出になることを希望致します」と発言していた。いうまでもなく、採決に当って「座っている」ことは法案に賛成しないことを意味するものである。

新聞紙条例改正案の審議において、近衛は加藤弘之と「発行停止」問題をめぐって論争となった。加藤は修正案に賛成するとした上で、発行停止条項に反対する意見は、これが憲法に抵触することを理由にしているとして、「併し憲法と云ふものをさう無闇に窮屈に説いて仕舞っては仕様がない」、「夫れではどうも国の治安と云ふ方を軽くして仕舞って、唯憲法の正条に従って論ずると云ふばかりになってはどうも仕様がない」と述べていた。

国家の治安優先のためには、憲法に囚われる必要はないというのである。これは、近衛の憲法観からすれば聞き捨てならない発言であった。

そこで近衛は、「仮令《たとい》其事柄が憲法の精神に背いて居っても構はぬと云ふ精神でありますか」と質問した。加藤はこれに答えて、「憲法の精神に背くと云ふことを、私は窮屈に考へるは宜くないと思ふ」、「憲法は固より国の治安を保つための憲法であるから、変に処するときには変を以て応ずることが必要であります」と述べている。

近衛はさらに反論して、「憲法を余り狭く見るから抵触すると云ふ様な御説明でありますが、若し憲法を広く解釈すれば行政官が懲罰をしても宜しいのでありますか」と問うが、加藤の答えは要領を得たものではなかった。近衛の考えでは、敢えて憲法と矛盾する法的処分によって発行停止をさせる必要はなく、社会的制裁によって取り締まることで十分だと考えられていたのである（『第四回帝国議会　貴族院速記録』第一三号）。

地租価格修正問題

組閣後の伊藤内閣は超然主義を標榜しつつも、民党宥和のための政策も採った。地租価格修正法案の提出がそれであった。ただし、同時に政府は地価修正による地租収入減を補填するため、酒税、煙草税および所得税引上げを内容とする諸法案をも議会に提出した。これに対して、民党は地価修正法案を可決したが、政府が同法案と事実上不可分のものとして提出した酒税、煙草税引上げの法案を否決した。すると、政府は地価修正案をそのまま貴族院に送るという策に出た。

以上のような経緯の中で、一八九三年一月一七日、近衛を発議者とする「地租会議設置ノ建議案」が貴族院に提出された。それは、地租軽減の利害およびその財源、そして地価修正の利害およびその財源を調査し、且つ地価に課税する方法を改め、他の基準によって地租を賦課する方法・利害などを調査するために、「地租会議」の設置を求めるというものであった（『第四回帝国議会　貴族院議事速記録』第二一号）。

近衛は建議案の説明の中で、地租軽減と地価修正が今日において必要なのかということに疑問を呈する。彼は民党が主張する民力休養と地租軽減には原則としては賛成だとする。しかし、「唯国家の全体から観察を下して今日は地租軽減をなすべき時機であるかないか、又近頃問題になって居る所の地価修正法案と云ふものは適当なる法案であるかないかと云ふことよりして反対する」のだという。近衛の考えは、地価は今後とも変動が続くことが予想され、今回軽々に修正しても徒労に終わる可能性があるというものであった。

加えて、政府は果たして地価修正法案を本気で提出したのか。近衛はこの点が大いに疑問だとする。現に、政府は第二議会で地価修正に反対の姿勢を示していたではないか。さらに、地価修正に当って絶対必要として衆議院に提出された三税法案（酒税、煙草税、所得税）のうち二つが否決されたにもかかわらず、これをそのまま貴族院に送付してきたことは、貴族院が否決するのを待っていたとしか考えられなかった。そこで近衛は、「政府は斯《かく》の如き人民の休戚に係る大問題を以て一時の政略の掛引に使用するのは実に不親切千万」であると批判するのである（『第四回帝国議会　貴族院議事速記録』第二一号）。

この時、政府は貴族院を「怨府」と化して人民の不満の標的にし、責任回避に利用しようとしていることは明らかであった。そのため、貴族院はこの法案に反対する代わりに、地価修正の問題を調査するための会議を設けるべきだというのが、近衛の主張であった。彼としては、民力休養・地租軽減には理解を示しつつも、冷静に見た場合には、現在はその時ではないと考えたのである。そして、近衛の提案の説明の語り口からは、政府の狡猾な手法に対する強い憤りが窺えるのである。

三　伊藤内閣への対決姿勢

議会解散への批判

近衛篤麿は一八九三年二月二一日、『精神』号外として「慨世私言」を出版した。彼はここで、当時の政府および政党の姿勢を強く批判している。彼は伊藤内閣について次のようにいう。「現内閣諸公たるや、多くは是れ藩閥の出身にして、維新の当時直接若《も》しくは間接に殊勲を奏せし人々たるに相違なし。是を以て世現内閣を称して元勲内閣と呼ぶ。其称必ずしも妄なりとせず」。しかし近衛は、彼らが三傑（西郷隆盛、大久保利通、木戸孝允）の驥尾に付した「二流の功臣」に過ぎないと見ていた。

近衛によれば、伊藤内閣は徒に「藩閥的情弊」を醸成するばかりで、何の成果も上げていない。しかし、それにもかかわらず、彼らは情弊すなわち私情による弊害を改めるどころか、議会に対しては異常に強い自信をもって臨んでいる。上述の地価修正法案提出の姿勢はその現れであった。近衛はこの内閣を「挙措常に不親切にして摯実ならず、皮相的にして真面目に非らず、寧ろ軽佻にして人を服するの誠なし」と断言する。

他方、衆議院もその役割を十分に果たしているとはいえなかった。例えば、同院が弾劾案を軽々に上奏することは好ましいことではなかった。また、予算案などの問題で上奏することは、天皇を政治問題に巻き込む危険性もあり、これもまた批判されなければならなかった。しかも、これらの問題で連合した諸政党は烏合の衆の観がある。「我国の機運は駸々として政党内閣の期に近からん」と考える近衛としては、民党の勢力も積弊を洗い流し、しっかりとした政策

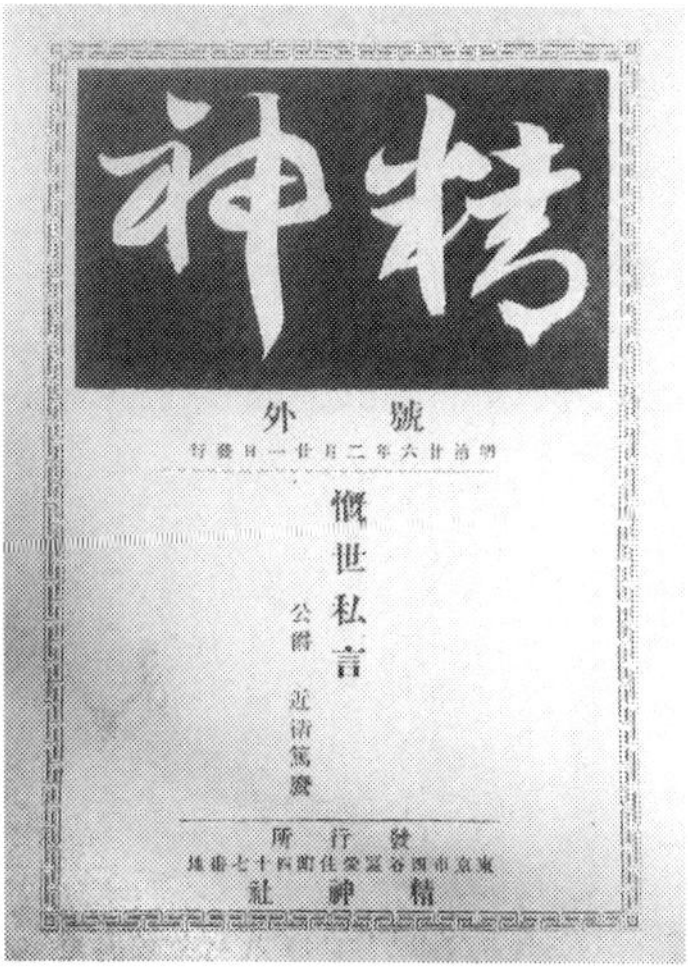

『精神』概世私言〔霞山会所蔵〕

で結び付くことによって、政党内閣を構成する一員たることを準備すべきだと考えられたのである。

さて、第五議会が招集されたのは一八九三（明治二六）年一一月二五日のことであった。ここで、民党は条約改正を政府に迫ったが、これを嫌った政府は理由を明示することなく、一二月三〇日に衆議院を解散した。すると、近衛はこれを不当として、翌九四年一月二四日、同志三八名の連署で伊藤首相に抗議の書簡を送った。それは、条約励行論は政府に当然の責務を促すものであり、咎めるべき点はないとするものであった。

これに対して、伊藤は二月一〇日付の長文の返書を送った。ここで伊藤は、条約励行論が外交の妨げとなることを指摘する。そして、衆議院が議事日程を予告もなしに突然提議して奏聞したことを取り上げ、これは内閣と共に審議しようとする姿勢を欠くものであり、彼らは和衷協同を望んでいないのだと批判する。その上で伊藤は、衆議院の解散を「和協に由り大業を翼賛するの望なしと認めたるに出づ」として、自らの行動を正当化した（「伊藤伯の復書」）。

以上のような伊藤の返書に接して書かれたのが「衆議院解散につき覚書」（日記・文書

所収）である。近衛はここで、行政府にある者は、「議院と討論弁難して自己信ずる処の政策を説明し、其の煩労を厭はざる」ことを本務とすべきだとする。しかるに、議院から第五議会への出席を求められたにもかかわらず、伊藤が議院法を勝手に解釈して出席を拒んだ上に、解散を断行したことは許し難いことだという。そして、伊藤のように「議院は政府の参謀にして、行政府に隷属」すると解釈することは誤りだとし、議院に何の説明もせずに「和衷協同」を欠いたとして解散したことは不当だと批判する。政府による解散の奏請は、予算案や重要法案が否決された場合にのみ許されるものだからである。

近衛を始め一月二四日の書簡に署名した人々は、伊藤の返書に接した後の二月一五日に鹿鳴館に集まり、満場一致をもってその内容に不満であることを確認し、近衛と谷干城を委員として再度抗議の書簡を送ることに決した。また、近衛はこれとは別に、二月二一日付の『精神』号外として「復書弁妄」を刊行して再批判を行った。ここで近衛は、「大業翼賛の望みなき議院を解散するは余も亦素より不可なりとせず」とする。しかし、伊藤が解散の理由として強調する「和衷協同」の欠如という問題については、「第五議会と現内閣との和衷協同を完《まつと》うし能はざりしの責は、閣臣も亦其一部を分たざるべからざるものあるを知る」として、返書における伊藤の説明では解散の理由とはならないと断言したのである（工藤、前掲）。

高まる伊藤批判

五月一二日、第六議会が招集された。伊藤首相は一六日の施政方針演説において、第五議会解散の理由を条約励行の建議案にあったとし、内閣としては維新以来の開国方針に従って条約改正の実現には努力するとしながらも、当分の間はこの問題を政争の外に置いて欲しいと訴えた。しかし、伊藤のこの要請も議院内の反政府的空気を緩和し得ず、議事は対外硬派の主張を中心に紛糾し、遂に内閣弾劾上奏案が可決されたため、伊藤は六月二日にまたしても衆議院を解散した。伊藤の議院に対する独断専行は続いていたのである。

このような事態に対し、近衛は六月一一日に『精神』号外として「非解散意見」を発表した（日記・文書所収）。この論説で近衛は、条約励行建議案に全面的に賛成するものではないとしながらも、いやしくも条約たる以上はそれを空文化してはならず、明文のままに励行することは当然であるとする。そして、仮に伊藤がそれを非とするのなら、なぜに第五議会の場合において、その理由を指摘し批判しなかったのかと論じた。また、衆議院に対しては、その言動に全く問題がないわけではないが、衆議院の議員たる者は「民望を負ふて立法の府に送られたるの人々」であって、故なくして責任を放棄するはずはない。むしろ、彼らを内閣に敵対する態度を取らせたのは、政府の不当な行為に起因すると指摘した。

結論として、近衛は伊藤による解散を「不当無謀の妄断」とする。そして、伊藤の解散奏議の中の「百年の大事は群議の為に敗壊すべからざるを信じ」という文言を取り上げ、ここでいう「群議」が議会の決議を指すものだとすれば、それは「万機公論に決すべし」という精神に反するものだと批判する。近衛によれば、公論を封じようとする伊藤の姿勢は、憲法の精神に反するばかりでなく、その破壊につながるものであった。

また、伊藤は民党の攻撃に遭って苦境に立たされた時、しばしば詔勅を仰ぎ、自らの政策を押し通す傾向にあった。ところが、伊藤は一六日の演説において自らを「袞竜《こんりょう》の袖に隠れず」、すなわち天皇の恩恵を利用する者ではないと述べていた。これに対して、近衛は「伊藤伯何の疾しき所ありて此言を発するや」として、彼の言葉に返して次のようにいう。「伯は袖下に隠れず、寧ろ至尊の玉体を楯となし、其背後に潜むものにあらざるなき乎《や》」。痛烈な批判の言葉といえるだろう。あくまでも憲法の遵守が必要だとする近衛にとっては、伊藤は天皇を政治利用する者として批判されなければならなかったのである。

近衛の伊藤に対する批判は、この論説に至って頂点に達したということができる。前述したように、伊藤はかつて近衛の海外留学実現を援助してくれた人物である。そして、彼の政治的能力を見抜いた人物でもある。近衛は早くから伊藤との憲法観の違いを認識していたが、政治家としての伊藤を全面的に否定する気持はなかった。例えば、一月二四日の三八名の連署による抗議の書簡は、彼によれば「伊藤博文伯をして維新の元勲、立憲国大首相たるの挙措あらむことを望みたる」ことに他ならなかったのである。しかし、ここに至ってその望みは水泡に帰したという。近衛は個人的には伊藤への「師父に対するの情」を懐きつつも、政治家としてはまったく相容れない関係になったのである。

政党政治への期待

一八九四（明治二七）年八月一日、日清戦争が始まった。一〇日、近衛は戦争への意見書として「執奏願書及奏議三條」を上奏した（工藤、前掲所収）。この奏議は、第一に速やかに臨時議会を招集して軍事費予算を追加し、挙国一致の実を内外に示すこと、第二に開戦が経済界に及ぼす影響を極力考慮すべきこと、そして第三に貧民救助に対策を講ずべきことを内容とするものであった。近衛の提言で注目すべきことは、軍事費が不足した場合には、私人（特に華族）の資産を没収してでもこれに当てるべきだとしたことである。それは「上流社会に位するものゝ至当の義務」だと考えられていたのである。

一八九五年一二月から第九議会が開かれることになる。その開会に先だって、伊藤内閣は自由党との間に提携の関係を結ぶに至った。三国干渉を受け入れたことから、世論の政府批判が激しくなり、国会運営が困難となることは必至と見たためであった。こうした流れを意識して、近衛は論説「朝党野党」を発表して伊藤に政党内閣への移行を促している。すなわち、「立憲内閣の成敗は党援の多少に依て定」るという原則の下では、政府は既存の政党と組んで内閣の主義を一つにして「政府党」を作り、来るべき議会に対処すべきだとしたのである。

およそ四年間にわたった第二次伊藤内閣は一八九六（明治二九）年九月に崩壊する。この後を受け継ぐのが第二次松方内閣である。

松方内閣成立に当って、近衛には文部大臣就任の要請があった。一七日の日記には、前衆議院議員の田中源太郎が来訪し、松方からの伝言で文部大臣就任の打診があったことが記されている。しかし、前年の三月一九日、近衛は学習院の院長に就任しており、当時は学習院改革に着手している最中であった。そのため、「今同所を去る事は事実将来の同院の為出来ぬ事になり居れり」として、大臣への就任を拒否する旨を伝えている。

その後の第三次伊藤内閣を経た一八九八（明治三一）年六月、日本で最初の政党内閣である大隈政権が誕生した。しかし、これは藩閥ならびに官僚グループの抵抗と党内対立によって、みるべき政策を展開することなく一〇月に瓦解した。こうした事態に近衛は失望を隠さなかった。彼は一〇月三一日の日記に次のように記している。


世に所謂政客なるものゝ無責任、無主義、無方針にして唯々感情と行懸りのみに拘泥するをみる。嘆息の至に堪へず。大隈伯今日に至りて辞するならば、何ぞ尾崎の辞せし時に辞せざりしや。責任内閣を称道したる隈伯の行動亦此の如し。他は皆感情もしくは名利の奴隷なり。論ずるに足らず。今此報に接す。唯あきるゝの外なし。

その後、山県有朋は第二次内閣を組織するに当って、一一月六日、近衛に文部大臣として入閣するよう要請した。もちろん近衛は、超然主義を掲げる山県の誘いに応じることはなかった。この日、近衛は山県に向かって、感情や行き掛かりをもって結合・離散する当時の政党を批判しつつも、「他日必らず主義をもって立つべき政党の発生すべき時機はかならず到達すべく、又到達せしめざるべからず」と説いていた（日記・二）。近衛の考えでは、伊藤や山県のごとき超然主義を乗り越え、将来においては必ずや真の政党政治に基づく立憲制が実現されなければならなかったのである。

四　海洋および北海道開発問題

海洋国家としての日本

前節までは、国政運営問題を中心に見てきた。次に、近衛篤麿の海洋論と北海道開拓論について見ていくことにしよう。

第八議会は日清戦争期間中に開かれた。一八九五（明治二八）年三月二日、近衛は貴族院で日英通商航海条約に関する質問を行っている。この条約は前年七月一六日に調印されたもので、土地開放を代償とした領事裁判権の撤廃、関税自主権の部分的な回復、片務的であった最恵国待遇の相互化などを内容とするものであった。近衛は居留地問題や関税率などについても質問しているが、中でも沿海貿易権に関する質問においては、「我国の如き海国に於きましては、航海事業の発達を図らなければならぬと云ふことは、是れは申すまでもないことである。況や又此戦後に於て東洋の航海権を握らなければならぬ」と論じていた（「日英新条約ニ関スル質問書」）。

近衛は、日本は海運業の発展によって国際的地歩を固めることができると考えていた。そのような認識は、同午一月に『精神』第四七号に発表された「海国の勃興に関する要務」に既に示されていた。近衛によれば、東西の歴史を通観して、半島国と海洋国が進歩を遂げ、富を蓄えることができたのは海運事業の振興に務めたためであった。日本も当然、そうした方針を採らなければならないのである。

しかし、実際にはそれに反した政策を採ってきた。日本は四面に海をめぐらす国家であり、国土は狭小で産物も限られている。それにもかかわらず、海運事業の向上に目を向けないのはなぜか。近衛によれば、それは徳川時代に鎖国を行い、船舶の製造を厳しく制限したこと、そして農業をもって国の本となし、内地貿易を国是とした影響が未だに残っているためであった。しかし、日清戦争後を見据えた場合、日本はこのままではアジアの覇者となることはできないという。

日本としては、日清戦争後においては海運事業の拡大を国策と定め、貿易を保障すべく近海の海上権を握らなければならない。そのようにしてこそ、日本は強力な海洋国家となり得るのである。彼は次のようにいう。「今日に於て徒らに戦後の利益に気を奪はれ、安閑として海国勃興の急務を問はず、徒らに空言高く日本は膨張すべし、東洋の覇王たるべしと唱説し居るべきの時ならむや」。近衛は、版図の拡大よりも海上権の確保という方針が、日本に将来的な利益をもたらすと考えたのである。

一八九四年八月に開始された日清戦争は、九五年四月一七日の下関条約調印をもって終結する。これによって、日本は朝鮮の独立を中国に認めさせた上、台湾、澎湖諸島、遼東半島を割譲させ、賠償金として二億両を獲得した。しかし、直後の三国干渉によって遼東半島は返還されることとなった。

下関条約の内容が近衛の戦後構想に沿うものでなかったことは明らかである。翌年二月に書かれた論説で、近衛は講和を次のように批判していた。「帝国は戦勝の余威に乗じて一時の快を貪り、妄りに版図恢廓《かいかく》(拡張の意——引用者註)を謀りて経済に益なきの土地を取る可《べ》からず、帝国は則ち宜しく実利を先にするの方針に依りて媾和の条件を定むべし、帝国は原《もと》と富めりといふ可からず、今日は寧ろ帝国膨張の階梯を作るに在り」(「現内閣の所謂る国家経営」)。しかるに、政府当局者は経済という実利を優先せず、無謀にも領土の拡大を図った。こうしたことは誠に遺憾なことであったというのである。

当時、三国干渉は日本の国家的威信を踏みにじった許し難い行いであると広く受け止められた。近衛個人としては、青年時代に留学したドイツがロシアに同調したことは、極めて不愉快なものと感じられた（「独逸近時の外交戦略」）。しかし近衛は、現実的な観点から見た場合、日本が仮に台湾・澎湖諸島の他に広大なる遼東半島を領有したならば、領土の経営には多大な困難を来していただろうと考えていた。国家的威信を別とすれば、この時点において大陸への領土的発展を放棄させられたことは、近衛にとっては決して憾むべきことではなかったであろう。むしろ、伊藤内閣が「弱敵に向て無謀の要求をなしつゝ強国に対して故なく屈従せしの一点」については、理念を欠いた外交として責任を問われなければならなかった。

北海道開発論

以上のように、近衛は資源の乏しい日本は海外貿易に活路を見出さなければならないと考えたが、それと同時に、国内の未開の地である北海道の開拓も急務とされた。だが、これまでの研究でも指摘されているように、近衛における北海道問題の登場は唐突な印象を受ける。というのは、後述する中国やアジア問題のように、その伏線となるものが彼のこれまでの経歴や言説の中に見えないからである。

そうした中で、近衛と岡本監輔との関係にその可能性を求める指摘がある（山本、前掲）。岡本は日本の北海道開拓論者の先駆けであるが、彼は近衛が在籍した時期に大学予備門の御用掛に任ぜられており、両者の接点はあったのではないかとされるのである。確実な根拠があるとはいいきれないが、一つの可能性としては認めておきたい。

一八九二（明治二五）年八月、近衛は一五日間ほどかけて北海道を視察旅行した。この間、近衛は各地の農園、果樹園、牧場、製糸工場、ビール工場などを見学して回った。この時の旅行によって近衛は、北海道開拓が必要であるとの認識を深め、その実現のためには官民協同によらなければならないと考えるに至った。近衛の考えは、翌年二月、第四議会に「北海道調査完成ヲ要スルノ建議案」として提出された。

建議案によれば、北海道の開拓は現在の日本における一大要務であるため、計画を引き締めて国費を有効に支給するようにしなければならない。しかるに、明治初年に開拓使が置かれた後、県や北海道庁の設置といった制度的変更がなされた上、長官が交替するごとに方針に変化が生じており、これが事業にも影響を与え、開拓を遅滞させることとなった。そのため、今や一貫した方針の確定が必要だという。そして、開拓の事業を順調に進めていくためには、施政の方針を定める前に、あらかじめ「学術上の調査」と「地区の調査」が必要だとしている。以上の近衛の建議案は議会で可決されている。

北海道協会の設立

一八九三（明治二六）年三月二四日、近衛は北海道の実業家である対馬嘉三郎、貴族院議員の小沢武雄らと北海道協会を組織した。同会は三月二六日、第一回の会合を開き、近衛を会頭に指名した。同会の設立の要旨では、北海道の資源を開発して経済上の不均衡を救うことが必要だとされていた。

それでは、開拓事業が進まなかったのはなぜなのか。北海道協会の認識によれば、国民がこれまで拓殖事業に関わった経験がなく、加えて生計の厳しさゆえに日々の生活に追われるばかりで、北海道という遠方の地へ出かけようとする勇気が生じなかったことが一因として上げられる。さらには、拓殖事業の実利が明らかでないことも動機付けの上で障害となっていた。そのため、今後は国民に事業の実利を明示すると共に、開拓民を助力し「便宜を与ふるには内地と北海道とを連結せしむる所の橋梁を架する」ことが必要だとされたのである（『北海道協会沿革史』）。

北海道協会は、内地と北海道の「橋梁」の役割を果たそうとするものであり、具体的には移住民への土地の貸与の便宜を図ること、各汽船会社や鉄道会社を利用する場合には運賃の割引を図ることなどが定められていた。

近衛は、同年一一月一九日に北海道拓殖講談会での講演において、北海道の開拓が急務であることを説いている。近衛はここで、ヨーロッパにおける軍事的緊張と同様に、近い将来には東アジアでも緊張状態が生じる可能性があると指摘する。その原因となるのがロシアであることはいうまでもない。それでは、日本がこれに対処するための軍事的備えはどうか。近衛によれば、それは本土ではある程度できているものの、北海道はロシアに対する軍事的重要地点であるにもかかわらず、まだその備えは不十分であるとされる。それは、移住による人口の増加が実現できていないことに最大の原因がある。

近衛はこの講演で、「世人が亦異口同音に北海道の拓殖は必要で、北門の鎖鑰《さやく》護るべしと確言するに拘らず、北海道拓殖の実効を奏するの遅いのは如何なる訳であるか」という。その第一の理由は交通機関が未だ十分でないことにある。第二は、これまで先人が北海道に移住して様々な事業に着手したものの、失敗した事例の多さを目の当たりにしているためである。しかしこれは、まったく経験がないことから事業を始めたためであったという。これらに加えて、当局の諸官庁の姿勢がこれまで十分でなかったことが、北海道の拓殖を遅らせた理由であるとも指摘されていた。

しかし、上記問題点のうち最後の一つについては、既に北海道庁長官が開発の具体策を内務大臣に提示したといわれていた。そこで近衛は、「今や、当局者が大いに其拓殖の方針を定むることを決定した以上は、必ず着々其実を挙げしむることを、我々は尽力しなければならぬ。又是と同時に輿論を北海道に向ける様に尽力しなければならぬ」と述べている。

この講演においては「北門の鎖鑰」という言葉が用いられていた。鎖鑰とは外敵に対する要衝を意味し、いうまでもなく対象とされるのはロシアであった。

近衛がこの言葉を知るのは、郡司成忠《しげただ》を通してであったと見られる。郡司は海軍大学校を経て軍人となるが、ロシアの脅威を前にして北方警備の観点から千島開拓の必要性を感じ、予備役となった後の一八九三年二月に報効義会を組織していた。同会の趣意書には「千島群島は我が国北門の鎖鑰」と記されている。近衛の日記に郡司の名前が最初に登場するのは九六年八月一三日のことであるが、その後の関係の密接さから考えて、九三年時点で既に彼との交流があったと推定される。近衛の「北門の鎖鑰」論が、郡司との交流から唱えられるようになったと考える所以である。

鉄道敷設計画

北海道開拓に関連して、近衛は小沢武雄と共に一八九四年五月一七日、第六議会に「北海道ニ鉄道ヲ敷設シ及港湾ヲ修築スルノ建議案」を提出している。彼はここでも「北門の鎖鑰」論を持ち出し、北海道開拓の要点として人口の増加を挙げ、そのためには人の移動を可能にする鉄道の敷設が必要であるとして、いくつかの路線の案を提示している。

近衛が提示する計画案によれば、先ず小樽港から函館に達する線路を一四六マイル敷く（一マイルは約一・六キロメートルに相当する）。既に空知太（現在は廃駅）まで線路があるが、そこから東へ厚岸、網走に達する幹線を三三九・五マイル敷く。そこから旭川、宗谷に達する幹線を一八〇マイル、さらに天塩の奈伊太（現在の名寄）から分かれて、網走方面に達する幹線をおよそ一六七マイル敷くというものであった。近衛は、「総計八百三十二哩《マイル》半、此位の鉄道が出来たならば、北海道の幹線と云ふものは先づ出来上ったものと見て宜からうと思ふ」と述べている。彼は壮大な計画を立てていたということができる。

同年七月、近衛は雑誌『太陽』に「北海道拓殖論」を発表し、日本が台湾獲得後に南方に目を向けるだけで、北海道拓殖の急務なることを忘れている現状を嘆き、鉄道敷設を急ぐべきことを論じた。曰く、「抑もまた積年涎を東洋に垂れ、先づ不凍港を得て南進の根拠地と為さんと欲し、虎視眈々たる者は誰ぞ。［中略］是の時に当りて、焦眉の急を感ずるものは北門の鎖鑰を固むるにあらずや、南屏固より忽にすべからず、而して北門最も厳にせざるべからざるなり」。

鉄道敷設に関する部分では、近衛が第六議会で述べた計画案の補足説明がなされている。人の移動や生産物の輸送のためには、交通網の拡充が必要とされることは当然であった。しかるに、ロシアという仮想敵の存在を考えた時、鉄道の敷設は焦眉の急である。「若しも一朝釁端《きんたん》（戦端の意味――引用者註）を北隣の大国と開きたりとせんか、其の疆壌を接する最も近き北海道は、四辺の沿岸、何れの地にも上陸し難しとせず」。交通の便が現状のままならば、上陸地不定の敵に応じ、防備を固くすることはできないとされる。かくして、「北海道は、方今拓殖と国防と二大目的の為に、鉄道敷設の急務を見る」とされるのである。

この論説では、以前にも増してロシアの脅威が説かれている。こうしたことは、三国干渉以後という状況を反映しているといえるかもしれない。近衛は論説の最後の部分で、次のように述べている。「記せよ、対岸浦潮須徳港《ウラジオストク》より起る所の露国西比利亜《シベリア》大鉄道は、今後四五年の後には、全く竣工せんとす、其の竣工の日は、欧亜二大陸貫通鉄道成り、東洋の形勢全く一変するの期なり、而して其の影響を被むるの最も大なるものは我国にあらずや」。シベリア鉄道が開通するのは一九〇四年（現行路線が開通するのは一九一六年）のことだが、ロシアのアジア進出に対する近衛の危機感には強いものがあったことが理解される。

近衛は一ヵ月後にも「北海道拓殖の急務」と題する論説を発表している。その内容は前述の論説とほぼ同様のものである。すなわち、「露国との関係已に今日の如き状態に陥り、再び東洋の平和を撹擾するに足るべき禍機歴々として近く眼前に踊るの今日に於て、其経営一日を緩ふせば、必らず百年の悔恨を遺すに至らん」とするもので、交通運輸の利便を速やかにすべきだとするものであった。この時点に至って、近衛の北海道論においては国防が第一義で、拓殖に伴う経済的要素は第二義的意味を持つに過ぎなくなったということができる。

さて、先に述べたように、近衛は第六議会に北海道の鉄道敷設に関する建議案を提出していた。しかし、建議案提出後の三週間を待たずして議会は解散となり、その後この問題はしばらく議論されることはなかった。そこで、近衛は一八九六（明治二九）年一月二〇日、第九議会に「北海道鉄道敷設方針ニ関スル質問主意書」を提出した。ここでも先の論説と同様に、北海道の軍事戦略的重要性から鉄道建設の緊急性が説かれている。ここでも近衛の見るところでは、政府が提示した鉄道関連の予算はあまりにも低額であった。だが、近衛は、「既に北海道に鉄道を敷くと云ふことの必要性を認めながら、是等の幹線となるべきものに附いて、未だ何等の示さるゝ所のないと云ふのは甚だ不思議である」として政府に予算の増額を求め、二月一〇日に「北海道鉄道敷設法案」を提出した。

一三日の第一読会における演説において、近衛はロシアの脅威を間近なものとして強調している。すなわち、彼はロシアが仮に北海道を占領するようなことになれば、同地の豊富な石炭を利用して軍艦を運航させることができるだろうし、コサックの類いが移住して開拓地で耕作すれば、半年や一年の間は十分に生活することができるだろうと述べるのである。このような事態になれば、日本が北海道を取り戻すことは極めて困難となるだろう。ロシアの侵略を防ぐためにも、北海道での鉄道敷設は急がなければならないとされたのである。なお、法案は三月二六日の本会議において可決されている。

北海道協会の解散

近衛は北海道協会設立後から、その活動に熱心に参加してきた。それが急転するのは一八九八（明治三一）年に入ってからである。同年三月一一日、近衛は協会幹事会に出席した際、会頭の職を辞する旨を申し出ている。その理由として近衛は次のように記している。「北海道の人々の中に、本会に依頼すべき時は大に利用しながら、一方に本会の妨害となるべき挙動を為すものあり。[中略] 而して又一方には本会の事業として良成績ありし移民費割引の事の如きは、内務省は理不尽に其業を奪ひたり」(日記・二)。このように内外からの妨害がある状況では、協会が将来の事業で成果を挙げることは不可能だろうとしたのである。

この時は、幹事たちの慰留もあって、どうにかその場は収まった。そして、六月九日には協会の評議会に出席し、引き続き職を担任することを表明している。しかし、同日の日記には、北海道局と道庁の冷淡な対応への不満が記されている。この後、北海道協会には内部対立も生じ、近衛としては会の運営から手を引きたい気持ちはさらに強まったものと見られる。

一九〇〇 (明治三三) 年三月、北海道協会の解散問題が発生した。二四日に開かれた幹事会で近衛は、「同会の事業は最早為すべき事なく、北海道拓殖の基礎は鉄道法と拓殖銀行法によりて立たるものなれば、解散を行ふは適当の処置ならんと」としたのである (日記・三)。近衛は同年一〇月一七日の総会で、本部の札幌移転を含む会則改正案を提案した。しかし、改正案は否決されたため、近衛は直ちに会頭職の辞任を申し出たが、辞任は翌年二月まで持ち越された。

　この後、近衛は北海道協会からほとんど身を引いた状態となる。しかし、北海道への関心が失われてしまったわけではなく、協会ともまったく縁が切れたわけでもなかった。近衛は一九〇二年八月から九月にかけて北海道各地を視察しているが、時には北海道協会の会合にも出席していたのである。

　北海道視察を終えて帰京した後の一〇月、近衛は『北海道私見』を刊行した。同書では北海道の鉄道、港湾、人口、土地、森林、産業の状況を紹介している。その結論部においては、北海道移民の勇気と熱心、理解力を称え、彼らの努力によって開拓が順調に進んできたとしている。そして、最近では華族や富豪の中にも北海道に投資する者が現れていることを紹介し、「富源の開発上勤勉なる労力者の来往と確実なる金融機関の設備とに待つあるは固より言ふまでもなし」とした上で、個人による投資のさらなる増加を希望した。

　以上において、近衛の海洋論および北海道開発論を見てきた。海洋論は、日本が領土的拡大を図るよりも経済的利益を優先せよとするものであった。他方、北海道開発に関しては、当初は北海道を経済的立ち遅れから脱却させるということと同時に、ロシアに対する軍事的要衝を確固たるものにしなければならないという二つの側面があったが、次第に後者の方に重点が置かれるようになったということができる。北海道開発論に見られる対ロシア策は、いってみれば受動的立場からするものであった。これが能動的なものへと転化するには、東アジア諸国との連携を志向することが一つの契機となり得るだろう。それはいうまでもなくアジア主義の道である。近衛のアジア主義については、後の章で詳しく論じることにする。

1　長女武子は陸軍軍人で貴族院議員でもある大山柏に嫁ぎ、次男の秀麿は指揮者、作曲家となった。三男直麿はホルン奏者、雅楽研究者となり、四男忠麿は水谷川家の養子となり貴族院議員、戦後は春日大社宮司となった。

第三章　近衛篤麿における華族・教育・文化

一　近衛篤麿の華族論

華族の誕生

一八六九（明治二）年六月一七日、太政官達《たっし》によって、「公卿諸侯の称を廃し改て華族と称せしむ」とされた。公卿とはおおよそ殿上人《てんじょうびと》あるいは堂上《どうじょう》のことであり、朝廷に仕えて内裏の清涼殿殿上間《てんじょうのま》に昇ることを許された者たちである。他方、諸侯とは藩主（大名）のことであり、徳川幕府時代に表高一万石以上の石高があった者たちである。この太政官達によって、従来は別集団であった公卿と諸侯とが一体となった「華族」という名の同族集団が形成されることになったのである。

従来、公卿は古来から皇室に仕えその守護に務めてきた。他方、武家集団としての諸侯は、明治維新までは時として皇族と敵対した勢力である。かくして、華族制度は公卿だけでなく諸侯までをも組み込んだことに意味があったということができる。

一八七一年一〇月、「華族一家ノ主タル者一人ツツ被為召勅諭」が発せられた。これは、同月二二日から三日間に分けて、天皇が全華族の戸主を赤坂の小御所台に召集して下した勅諭である。そこには次のように書かれている。


今我国旧制を更革して列国と並馳せんと欲す。国民一致勤勉の力を尽すに非れば、何を以て之を致すことを得んや。特に華族は国民中貴重の地位に居り、衆庶の属目する所なれば、其履行固より標準となり、一層勤勉の力を致し、率先して之を鼓舞せざる可《べ》けんや。其責たるや亦重し。是今日朕が汝等を召し、親く朕が期望する所の意を告ぐる所以なり。夫れ勤勉の力を致すは智を開き、才を研ぐより外なるはなし。智を開き才を研ぐは、眼を宇内開化の形勢に着け、有用の業を修め、或は外国へ留学し実地の学を講ずるより要なるはなし。

日本は近代化のために、国民挙げて努力することが必要だが、とりわけ華族は一般国民の模範となるように勤勉であらねばならないというのがこの詔勅の主旨である。また、この勅諭は華族に新たな知識を求めて、海外留学を勧めている点でも特徴的である。近衛篤麿の欧州留学は、この勅諭の方針に則ったものであったことになる。

華族といえば経済的に裕福な印象を持たれがちである。確かに武家華族を中心に富裕な者もいた。前田家はその最たるものであった。他方、公家華族にも豊かな者はいたが、武家には遠く及ばなかった。というよりも、公家の多くは困窮していたのが実態であった。華族の中でも最上位である五摂家筆頭の近衛家も借財によって苦しんでいた。近衛家は、幕末維新期に忠煕や忠房が政治運動に深く関わったため資金の持ち出しが多く、借財を増やしていたのである。

華族に対する批判

さて、近衛は五摂家筆頭の当主として、華族のあるべき姿を追求し続けたということができる。近衛は一八九一（明治二四）年九月に「華族ノ義務ニ就テ同族諸君ニ一言ス」と題する論説を発表した。そこでは、「華族なるものは社会の上流に位する者なり。故に上は朝廷より之が殊遇を受け、下は人民より之が尊敬を享有」する階層であるとされている。それは、華族が皇室の藩屏であり、その義務と責任は一刻たりとも忘れてはならないからである。藩屏とは守護者の謂であるが、近衛によれば当時の華族の中には自らがいかにして皇室の藩屏たるべきかを論ずる者は極めて少ないとされた。

むしろ近衛にとって、当時の華族は堕落した存在に思えた。彼は次のように述べている。「従来華族は優柔不断にして才学共に普通一般の人民に及ばず、大名華族は往々迂闊なり、公家華族は往々卑屈なり、華族は馬鹿と同名異物なりとの感を起さしむるに至る」。貴族院議員の立場にあったとはいえ、二八歳の青年から発せられたとは思えない厳しい批判だといえよう。近衛としては、このような状態にある華族が、一八七一年一〇月の勅諭で説かれた自らの責務を果たしているとは到底思えなかったのである。

華族が皇室の藩屏としての責任を尽くすには、常に皇室の忠僕であることを忘れず、各自がその地位を重んじて、妄りに政府や社会に阿諛しないことが必要であった。しかし、当時の華族の中には貴族院の議席の欲しさに、金銭を用いる者までいた。近衛は議員となってから、実際にそのような事例を見たのであろう。そのような醜行を演じる華族に対して、近衛は我慢がならなかったのである。

一八九四（明治二七）年一月、近衛は国家学会において「華族論」と題する講演を行っている。その内容は、三年前の論説に比べてさらに厳しいものとなっている。講演の冒頭で、近衛は以前と同様の問題を取り上げ、次のように述べる。「華族は皇室の藩屏なりとは世人の皆言ふ所、亦華族自身に於ても爾かく思ひ居るなり。然るに皇室の藩屏とは如何なるものぞと云はゞ、華族の大半は之れに答ふること能はざる者ならん」。

華族の中には、「我々華族は祖先又は自己の勲功に依り爵位を得たり。故に皇室に於ても重き御待遇を賜はり社会よりも重んぜらる」として、自分たちが優遇されることを当然のことだと思っている者もいた。これに対して、近衛は華族という身分が決して楽隠居のようなものではなく、彼らには尽くすべき義務があるのだと指摘する。その義務とは気概と品位を持つことである。気概とは華族が得た爵位を至上の名誉と信じることであり、品位とは仮に困窮したとしても恒心を堅持すべきことであり、この二つの上に華族としての行為すなわち操行が生じるとされたのである。

近衛によれば、華族が政治に関わるに当っては、貴族院議員として政権の平衡を保ち、政党の偏向を抑制し、勝手な議論を許さず、憲法を強固なものとして、上下を調和させる役割を果たすように務めなければならないとされる。しかし、現実の華族政治家の中には、議員歳費をもって生活費に充てる者が出るような有様で、「華族とは馬鹿の代名詞である が如く、貴族院議員の名は又卑屈と云ふ字の代名詞」となりかねず、皇室の藩屛たる者が逆に皇室の尊厳を潰す危険性すらあるという。彼のこうした議論は、同族の醜態を暴露したものとして、一部から非難を受けることとなる。近衛は、当時の華族の中では特異な存在であったといえるだろう。

政府としても不行状な華族の存在を漫然と放置していたわけではない。一八八四(明治一七)年七月七日に制定された華族令に加えて、九四年六月三〇日に宮内省達甲第二号として「華族令中追加」が発せられたのである。追加された第一三条には、華族の戸主で禁錮刑に処せられた者は華族の称を除き爵位を返上させるとある。また、第一五条では、禁固刑を受けた者、刑事事件で訴訟を受けている者に加え、家資分散もしくは破産宣告を受けた者も華族としての礼遇を停止されることが定められていた。

この追加令を受けて、近衛は雑誌『精神』に論説「読華族令追加」を発表している。近衛によれば、華族はこれによって国法による制裁の他にさらに追加処分を受けることになるのであるが、それは「特種の栄地に立ち、特種の礼遇を享有する者に於ては至当の処罰なりと称せざるべからず」とされている。華族たる者がその品位を保ち、体面を汚すことや法に触れる行為がなければ、追加令が発せられる必要はなかったからである。華族としては恥ずべき事態である

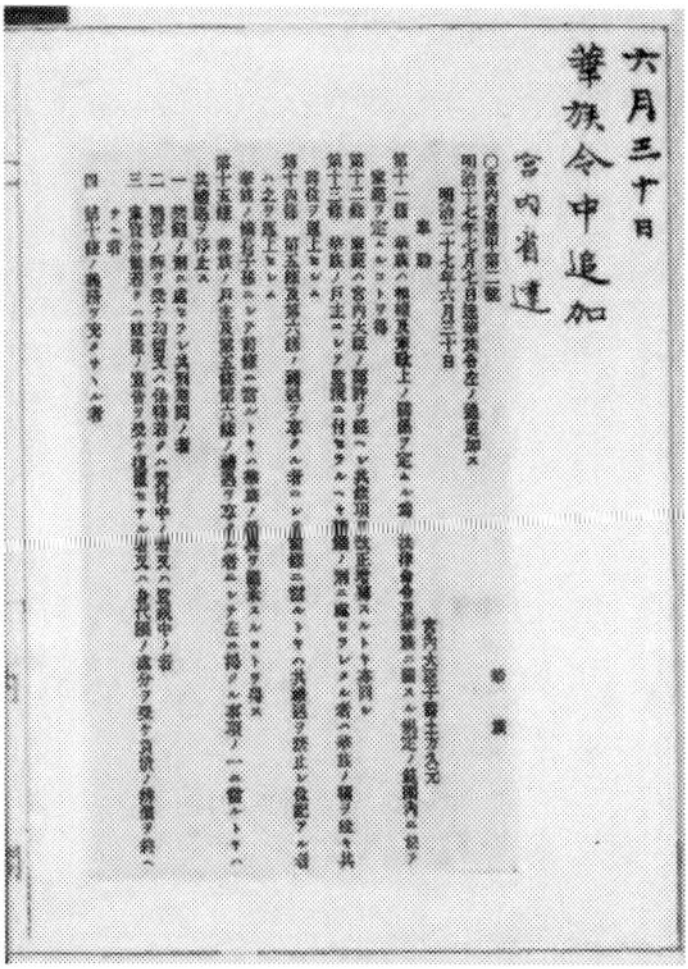
六月三十日
華族令中追加
宮内省達

華族令中追加〔国立公文書館所蔵〕

が、それはいわば自業自得なのであって、近衛自身はこの令の発布を希望していたと述べている。

それでは、このような事態はなぜ生じたのか。それは、明治維新によって西洋的価値観が社会に侵入し、それまで民心を支配していた「独断的道義の教訓」が揺らいだにもかかわらず、それに代わるべき「理論的道義の信念」が民心に根付いてないことに起因した。このような状況において、自由の観念は従来の束縛を破り、何事についても自由競争が許されることとなり、道義の信念に先だって狡知が発達し、人心は徒に軽佻の気風に走り、公徳は衰える一方となっている。そして、徒に法令が追加されて、道義による制裁はまったく効力を失ってしまった。その結果、人々は法律に触れなければ何をしても許されると考えるようになったというのである。

以上のような社会的風潮は、当然華族社会にも入り込むこととなった。華族の中にも道義を顧みないばかりでなく、刑事事件を起こす者さえ珍しくなくなっていたのである。中には投機に失敗して家産を蕩尽する者、爵位を抵当として借金をし、地位を利用して無知な輩を騙す者も現れていた。このような状態にあっては、皇室の藩屏として特別の優遇を受け、国民の模範としての栄誉を受けてきた華族も、その責務を全うできないため、遂には国民の嘲笑の対象となってしまうだろう。それゆえ近衛は、この法令の施行によって「予は厲行必罰、毫も假借する所なきを望む」とし、仮に処分が頻繁に生じることを恥じて、追加の法令を死法と化してしまったとしたら、華族に対する国民の尊敬の念は皆無となってしまうだろうと述べるのである。以上のような近衛の言説からは、華族社会の現状に対する強い憤りを窺うことができる。

華族の病状と療法

近衛の華族批判はさらに高まる。一八九七（明治三〇）年七月に発表された文章では、当時の華族の傾向を病気に例えている。その「華族の病状及其療法」（「南窓漫筆」（一）所収）と題する文章によれば、今日の華族社会には二種類の病気があるとされる。それは遺伝性と伝染性のものであり、それぞれ逆傾向の病状を呈している。遺伝性のものは「因循病」といい、伝染性のものは「生意気病」という。そしてそれらには、それぞれ「高慢的」と「卑屈的」という二種類のものがあり、それを列挙すれば以下のようになるという。

第一は「高慢的因循病」であり、維新前の封建の夢が未だに覚めないことから生じるものである。その症状は自尊の度合いが高きに失して、他者を排斥するあまり、遂には厭世的になってしまうというものである。第二は「卑屈的因循病」であり、これは深窓の中で母親の過保護の下で育ったために、自ら社会に出ることを恐れるようになるというものである。これら二者は、いずれも社会の変遷によって病状を減退させているとされる。

それに比べて問題なのは、伝染性の以下の二種類である。すなわち、第三の「高慢的生意気病」は急激なる伝染性を持つものであって、近時の新教育を受けた者に多く発生するもので、数年間洋行した人に最も多く見られる。これを通称して「利口がり」という。第四は「卑屈的生意気病」であるが、これは難治の病で、一般ではこれを「小才子」と称しているが、彼らは「自ら必要なきに時の権勢のある人に阿諛して、『幇間《オタイコ》』と呼ばれて自ら甘んじ、野卑の言動を学んで下情に通ずるものと誇るの類」の人たちだとされる。

近衛によれば、第一のものは不治の病であって、近いうちに絶滅するだろうが、残りの三者に対しては「将来成べく活発にして規律厳正なる教育を行へば軽症の中に救ふ」ことができると述べている。また、これと同時に、未だこうした症状が現れていない華族の人たちも、将来感染しないように努力しなければならない。それは平生の摂生にかかっているが、その摂生法とは「自ら省みる」こと以外にないとされた。だが問題は、その摂生をする努力に欠けているところに華族の抱えている事態の深刻さがあったのであり、これが近衛の苛立ちにつながっていたともいえるのである。

以上のように、近衛は華族界の堕落に強い危機感を示していた。しかし、彼はただ批判だけを繰り返していたわけではない。真に意識ある皇室の藩屏を育成すべく、近衛は教育の場において実践を試みていた。それが次節で述べる学習院での教育活動である。

二　学習院院長として

大学科の設置

学習院は一八四七（弘化四）年三月、仁孝天皇の発意によって公家師弟の教育機関として、京都御所建春門前に建設された学習所を起源とする。四九（嘉永二）年四月には孝明天皇より「学習院」の勅額が下賜されて京都学習院となり、学習院の名称はここに定まった。この名称は『論語』冒頭にある「学而時習之、不亦説乎」(学びて時に之を習う、またよろこばしからずや)に由来するといわれている。王政復古後の六八(明治元)年四月、政府はこれを大学寮代と改称したが、内部で思想的対立が生じる中で同年八月に閉鎖された。そして、華族制度ができた後の七七年一〇月、東京の神田錦町に華族会館運営の学習院が開校した。これが現在の学習院の直接の前身である。当初は私立学校であったが、八四年には宮内省所管の官立学校となった。

近衛篤麿が学習院長に就任したのは一八九五(明治二八)年三月一九日のことであった。近衛の日記によれば、その仲介となったのは伊藤博文であった。近衛と伊藤とは政治的対立を超えて、何かと縁の深さを思わせるものがある。近衛が院長として最初に取り組んだのは大学科設置に向けての制度改革であった。

一八九三(明治二六)年一〇月五日、宮内省達第五号によって学習院中等科が大学科と改称された。しかし、これより先の同年八月に帝国大学が講座制を採用したことにより、学習院では外部から教員の招聘が困難となり、翌年八月から大学科は廃止されていた。このような状況の中で、近衛は九六年四月二日、制度改革を上申した。それによれば、華族の従事すべき職務を軍人と議員だけに止めるだけなら、今日の制度でも問題はないであろうとしながらも、次のように続ける。

然れども篤麿の見る所に因れば、華族の奮ひて従事すべき職務、此の外にも尚一事あるに似たり。他なし、外交官たること是れなり。抑々外交官の職たる、樽俎に折衝し、談笑に禦侮し、辱を変じて栄となし、危を転じて安となすに在りて、其の一言一動は実に国家興廃の由りし繫る所たり。（学習院百年史編纂委員会『学習院百年史』）

そのような外交の任に当たるべきは、目前の利益を図り、一時の調停に務めて自らの栄達を求めるような人物であってはならない。「必や身を以て君に致し、国を以て自ら任じ、識深く慮遠くして且機に通する才」があり、さらには「外国交際の典故に諳熟し、兼ねて外国語に巧みなるもの」でなければその任に堪えないのである。そのような観点からすれば、皇室の殊遇を受け、国民の模範たるべき華族にして高等教育を受けた者こそ、外交官にふさわしいといえるのである。かくして、近衛は学習院に大学科を設置し、外交官としての必要な教育を行わなければならないとするのである。

近衛が院長に就任する前の学習院では、卒業生は軍人の道に進むことが当然のことと考えられていた。一八八九（明治二二）年七月一〇日には、学習院は平素から学生の軍務に服する志操を養成し、陸海軍学校へ進む素地を作るようにとの御沙汰書が発せられていたのである（同前）。このような状況にあった学習院において、近衛による学制改革の意見は従来の教育方針を否定するものではないが、さらに新たな道を切り開こうとするものであったといえる。近衛の上申は九六年六月二九日に認可され、七月八日、学則を変更して高等学科と大学科の課程を改正した。

教課課程の改正後、近衛は一八九七（明治三〇）年六月、学習院大学科卒業生を院長推薦によって外務省事務見習に採用するよう要請し、同月一〇日には大隈外相から承諾する旨の通知を受け取っている（日記・一）。外交官養成に向けての近衛の熱意が感じられるところである。また、七月一五日に行われた卒業式では大隈が来賓挨拶を行っている。この時の大隈の演説は公式の記録としては残されていないが、卒業生が伝えるところによれば、それは学習院生に外交官になることを奨励する内容だったといわれている（『学習院百年史』）。

近衛は大学科の設置が決まると、直ちに教員の確保に着手した。前述したように、帝国大学が講座制となっていたため、兼任教員だけに頼ることはできず、独自に専任の教員を養成しなければならなくなっていたのである。そこで近衛は、一八九六年一一月、宮内大臣に上申して学習院に国際法担当教授を採用し、学資を支給して海外に留学させるよう求めた。その結果、翌年　月に中村進午を学習院教授に任命し、ドイツおよびイギリスに三年間留学させることになった。次いで九八年六月にも、公法学のために清水澄《とおる》、経済学およびドイツ語のために久保無二雄を同様の手続きで留学させるよう上申し、認可されている。

清水が近衛に初めて会ったのは一八九七年の春であった。この時、近衛は学習院で外交官を養成する決意を語り、「貴君は将来学習院教授として大学科の憲法及び行政法の講座を担任して頂きたい」と述べたという。当時、清水は内務事務官に在任中であったため、近衛の申し出には困惑の念を禁じ得なかった。しかし、「故公（近衛を指す――引用者註）

の高邁なる人格、国士的意気、人を信ずること篤き赤心、此等の徳操が凝つて風貌態度の上に迸《ほとばし》れる魅力は、余の心を動かすに充分であった」と記している（清水「故近衛公爵の追憶」）。

校風の改革

近衛が院長に就任した当時、学習院の校風も改善を必要としていた。近衛は法学者である松波仁一郎に向かって、学習院は教員にとっては非常にやりにくい所だとして、次のように述べたという。「余程偉い人が教師になつても、又学徳の博い、人格の高い立派な人が来ても、生徒等があれは平民だとか、あれは士族だとか云ふ。又あれは毛利さんの家来だとか、島津の何だとか、子爵家の旧藩士だとか、伯爵の陪臣だとか何だとかそんな事を言ひ立てる」（松波「近衛霞山公の高風を追慕する」）。学生のみならず父兄までが、自分たちの身分の高さを振りかざす風潮にあった。しかし、近衛は彼らを上回る身分であったため、その立場を利用して校風の改革を断行することができたのである。

一八九六（明治二九）年九月一一日、近衛は学習院全学生を前に、「学習院教育の主旨を体し、院中の規則を遵守する事」、「高潔の志を保ち、野卑の所業を避け、其他一般の徳義を重んじて之を実践する事」など四項目の訓示を行っている（日記・一）。また、翌年一〇月二七日、近衛は学習院初等科学生と父兄に次のような訓話を述べている。彼の校風改革の考えの現れと見ることができるだろう。

昔時に在りては士たる者、皆撃剣其の他の武芸を以て其の心身を練磨し、孔孟の教に因りて其の道徳を進修し、以て大に廉恥を尚ぶの気風を養成せり。之を士風と云へり。今や甚だ士風の頽敗せるを見る。蓋し士族の如きは世禄を失ひ、常職を解かれ、徒に士の名あれども其の実の存せざる者あるに由れるならん。華族の如きは則然らず。今猶四民の上に位して爵禄を保てり。然らば則真の士たらんもの、華族を捨てゝ多く他に求むべけんや。（同前）

士族階級が失われた今、華族こそが「士風」を受け継ぐべき存在であった。その「士風」とは、かつて「華族論」で強調された気概、品位と操行を内容とするものであったといえよう。そうしたものに基づき、学習院は華族の教育機関たるにふさわしい校風を確立しなければならなかったのである。

当時の学習院は学生の素行の悪さも問題となっていた。一八九六年八月以降、近衛は警視総監を訪ねて学生の行為について調査を依頼したり、学内では評議会で学生の取り締まりについて協議を行うなどしていた。そのような中で、一〇月一九日には新聞『日本』に「学習院生徒の悪風儀」と題する記事が掲載された。それは、学習院生が「浸潤の久しき世間の悪風に感染」し、「高貴華冑の身として間間アラレもなき挙動をなす」学生が現れているとするものであった。華族全般の堕落もあって、学習院に対する世間の見方には厳しいものがあったのである。学生たちも自分たちの学校に誇りを持たず、他の学校へ進学する者も多く、成績の悪い者だけが学習院に残るという有様だったという。

そのような中で、一八九七年一二月に学内で一つの事件が起きた。それは、中等科六年のある学生が忘れ物をしたため、授業を抜け出して家に帰ろうとして、それを制止しようとした門衛を突き飛ばして校外に出たというものである。これが問題となって、学生の処罰をどうするかということになった。一七日に開かれた会議では、原則論から退学に処すべきだとする意見と、事情を斟酌して有期停学とする意見に分かれ、賛否同数となった。そこで院長である近衛が決裁することとなった。近衛が下した結論は退学処分であった。いかなる事情があろうとも、また教育的配慮を念頭に置こうとも、「院規と一の青年の進退とは比すべきにあらず」というのが、近衛の考えであったのである。

しかし、近衛は会議の翌日、処分を下した学生を自宅に呼び寄せて次のように述べた。「子《し》は決して失望落胆すべからず。青年は往々失望の為に自暴自棄するものありて、其一生を誤る事少なからず。余は今日院長の資格にあらず、一箇の近衛として、子の為に自暴自棄せざらんことと、又一には子の将来には一臂の力を添えんと欲するの意を告ぐるの婆心より、呼寄たるなり」（日記・一）。これを聞いた学生は感激に堪えず、落涙、嗚咽して止まなかったという。

問題を起こした学生は名前を志賀直方《なおまさ》といい、志賀直哉の叔父に当たる人物である。彼は近衛をして、「寡黙にして峻厳、而も血と涙の人であつた」と記している（志賀「ぶらず・らしく」）。近衛は理の人にして情の人でもあったのである。なお、志賀は近衛の配慮によって一年後に復学を許されて、学習院を卒業後は士官学校に入学した。そして、日露戦争に従軍したが負傷して退役し、その後は近衛への恩義から息子文麿の後見役として尽力した。

校舎の移転

学習院の校舎は初めは神田錦町にあったが、幾度かの移転を経て、一八九〇（明治二三）年九月以降は四谷尾張町にあった。しかし、九四年六月二〇日に発生した大地震によって本館は大きな被害を受け、使用することが危険な状態となり、移転が検討されることとなった。初めは同じ場所に校舎を再建する案もあったが、最終的に他に適当な地を選んで移転することに決定し、候補地を絞り込んだ結果、荏原郡大森村（現在の大田区大森）に中等学科以上の校舎を、四谷校地の西南隅に初等学科の校舎を建設する計画となった。しかし、その後の日清戦争の勃発で予算獲得が困難となり、計画は宙に浮いた形となっていたのである。

近衛が院長に就任した直後の一八九五年四月、下関条約が締結されて日清戦争が終結したため、懸案であった移転問題に改めて取り組むこととなった。近衛は中等学科以上の校舎を小田原の城山に建設する計画を立てていた。近衛は、城山が「水陸の勝を併せ」、学生をここで「遊息風咏せしめば其の精神を感化せんこと果して何ぞや」として小田原を推奨している（『学習院百年史』）。しかし、父兄からの反対が多かったため、小田原移転計画は廃案となった。

その後は、東京市内あるいは近接の地に移転先を求めることとなり、一時は豊多摩郡中野村（現在の中野区中野）付近も候補地となった。近衛は自らその地を調査に訪れているが、事が地元の人に知られると地価が上昇するかもしれないとして、「従者と共に軽く単衣《ひとえ》を着け、竹竿を手にし、紗嚢を腰にし、恰も昆虫採集を装うて詳に土地の視察を遂げた」ということである（工藤、前掲）。立派な口ひげを生やした白皙の偉丈夫が、単衣の軽装で現れたとしても、誰が見ても尋常な昆虫採集者には思えかったであろう。結局、中野の地は陸軍の射撃場も近くて危険だということで、候補から取り下げられた。

最終的に移転先とされたのは北豊島郡高田村（現在の豊島区目白）であった。近衛は一八九六（明治二九）年九月九日付で同地への移転を宮内大臣に上申し、二九日に認可された。その後、宮内省は、学習院が八八年に虎の門への移転の際に、諸経費の三分の二を華族が負担した例があることから、今回も同様の措置を求めてきた。これに対して、華族の中からは異議も出たが、九六年一二月一三日、華族会館は三五万円を学習院に献納することを決定した。

華族会館が学習院資金問題を議決した当日、近衛は日記において、この決定を「余が多年主唱する処にして遂に此結果をみる、喜ぶべきの至りなり」として、次のように記している。「華族の事これより漸をもって進歩の方に赴かん。此時にあたり、学習院にて有為の華族青年を造出して益《ますま》す其発達を助くるは、余が華族に対する義務なり。否皇室及び邦家に対するの責任なり。今日の事小なるが如しと雖も、此傾向をみるに至りしは、余も亦所謂働き甲斐あるものと云ふて可なり」（日記・一）。この文章は、華族の一員としての近衛の、皇室と国家に奉ずる気持ちを如実に表しているといえるだろう。

近衛は移転後の学習院を全寮制にしようと考えていた。学習院が理想的な華族を育てるには、学生を家庭から切り離す必要があると判断したからである。前述したように、近衛からすれば、当時の華族には皇室の藩屏としての意義を忘れ、放埒な生活に浸る者が多く見られた。そのような華族の子弟に学習院で厳格な教育を行ったとしても、授業を終えて家庭に帰らせたのでは、教育の効果も無に帰してしまう可能性がある。そのため、全学生を寄宿舎に入れ、学習院が自ら学校をもって家庭を兼ね、訓育を徹底させる必要があると考えられた。そして、優秀な教育者を招聘して寮長とし、日常的に学生の学業および品性の陶冶の指導に当たらせることが構想されていたのである。

学習院の目白移転が決まった後の一九〇二（明治三五）年一月二五日、近衛は建設予定地にほど近い下落合に転居した。当時、そこはまだ畑や雑木林や小川が眺められる土地だった。彼はここから学習院に通い、理想とする教育を行う日々を夢見ていたことだろう。しかし、目白校舎が完成したのは〇八年七月のことで、近衛はその時には既に世を去っていた。在職九年、院長としての志半ばにしてであった。

三　普通教育および女子教育の拡充

近衛篤麿は華族教育の分野だけにとどまらず、広く普通教育や女子教育の拡充にも熱心だった。普通教育拡充の活動に関していえば、それは貴族院での教育費の国庫補助の要請から始まっている。

教育予算問題

一八九二（明治二五）年一一月から第四議会が開かれていた。この議会には、宮城県登米郡佐沼町民から小学校教育費の支出を国庫金で補助するよう請願が出されていた。それは、当時の日本の学齢児童のうち半数近くが就学できないのは授業料を払えないためであるとして、就学者を増やすには国庫から全額を補助し、授業料を最終的に廃止し、市町村の負担も軽減させるべきだというものであった（「小学校教育費国庫補助ノ請願」）。

この請願の紹介人は近衛であった。ところが、請願委員会の審議において、これを本会議に提出しないことが決定されていた。近衛は請願委員会の措置を不当として、翌年二月の貴族院本会議に提出させ、「苟《いやしく》も条理の立って居る所の請願をして漫《みだり》に之を廃棄すると云ふが如きは実に不親切千万」と批判した。そして彼は、従来は国庫の保護があったために、国民は等しく教育を受けて読み書きができるようなっていたが、授業料という形で国民に負担が求められるようになったため、ついに無学文盲で一生を終えなければならない人が出てくることは実に哀れむべきことであると述べている。

質疑の中で、請願委員は軍艦建造費などで費用が嵩んでいる現状においては、巨額の教育費を支出することは困難だと考えて請願を留め置いたと述べていた。これに対して近衛は、支出が可能か否かは請願委員の関わるところではないとした上で、軍艦建造は外国に注文しなければならないのが実状であることからすれば、日本で軍艦建造ができるようにするためには今の段階から教育への投資が必要であるとして、この際授業料は全廃すべきだと主張した。国力強化のためには、普通教育の拡充が必要だと考えられたのである。

一八九六（明治二九）年一月二九日、第九議会において、近衛は千坂高雅《たかまさ》と共に「清国償金ノ一部ヲ市町村立小学校ノ基本金ニ充ツルノ建議案」を貴族院に提出している。これは日清戦争の償金の使途は軍備費に充てると同時に、「其の十分の一以内を割き、国民智徳の苗場たる市町村立小学校の基本金とし、之を学齢児童の多寡に応じて各市町村に分賦」させようとするものであった。この建議案は特別委員会に付託され、一部からは異論も提出されたが、大多数をもって可決されている。

普通教育の拡充

以上のような近衛の活動は、おそらく教育関係者の注目を引いたことであろう。同年一一月には、肝付兼行《きもつきかねゆき》から大日本教育会の会長就任の依頼を受けている。近衛は就任を承諾するに当って二つの条件を提示した。それは、(一)当時対立関係にあった大日本教育会と国家教育社が合併すること、(二)評議員の中から「一種卑しむべき者共」を排除することであった。その後、肝付から前者は保証すること、後者についてはできるだけ希望に沿うようにするとの回答を得たため、同月二八日の集会において会長に就任することとなった。なお、これより前の二〇日、会名は帝国教育会と改められていた。

近衛は、帝国教育会の会長に就任した理由として、以下の三点を上げている。第一に、国権の伸長と国威の発揚、社会道徳の向上や国利民福の増進などは、すべて教育に淵源する点で重要であること、第二に、自らが政治家であることから、同会の議論を文部省に上げる連絡役となり得ること、第三は当時進めていた学習院での改革において、専門家の意見を参考にしたいということであった(「余が大日本教育会長となりし理由」)。

普通教育の拡充において、近衛が重視したのは外国語教育の分野であった。条約改正を目前に控え、外国人との交流が活発になることを見込んでのことであった。近衛が外国語習熟の方法の事例として提示したのは、当時ヨーロッパで行われていた小中学生による国際文通であった。

近衛によれば、「此方法によれば学校生徒が外国語を以て他国の学校生徒と互に書信を交換贈答するにより、興味の中に自ら競争心を生じ、為めに其学力を練習し得るのみならず、自他国人感情をも融和会通し得る」というものであった（「近衛公爵の教育談」）。日本ではまず、小中学生が同年代の朝鮮・中国人と文通することから始め、さらに進んで欧米諸国との文通をするようになれば、外国語能力の水準も次第に高まっていくものと考えられたのである。この方法はドイツの雑誌に載った記事を参考にしたものだというが、斬新なアイデアであったということができるだろう。

近衛は学習院院長としての職務はもとより、他に多くの公職を兼務していたため、帝国教育会の職務に専念することができない状態となり、一八九八（明治三一）年五月一日、同会の常議委員長である嘉納治五郎宛に会長辞任届を提出し、一二月に至ってその任を去ることになる。しかし、教育行政については引続き強い関心を持ち続けていくことになる。

一八九九（明治三二）年四月から一一月にかけて、近衛は海外諸国の視察を行う。視察の詳細については後章で触れるが、この時彼は欧米諸国の学校教育の先進性を強く認識した。彼の印象に残ったことの第一は、欧米では体育教育が重視されていることであった。特に、屋内の体育施設が充実していることには注目している。第二は、学生間に自治の精神が発達していることであった。近衛は「至て好い風であるから、追々日本でも実行してみたいと思ふ」と述べている（「米欧巡回中の雑感」）。第三は図書館が整備されていることであった。学校だけでなく、人口の多い町村には公共図書館があり、いかなる階層の人でも利用していることを彼は紹介している。

今一つ、近衛はこの時の海外視察を機に、精神教育の必要性を強めた。彼は帰国直後の一一月二二日の談話において、「我国精神教育の甚だ不完全なるは慨嘆に余りあり」と述べている。日本は知育面では高水準にあるとはいえ、「只精神教育に至りては我国は到底彼に及ぶ可くものあらず」とされるのである（日記・二）。近衛はかねてから、日本社会の弊害の一つとして「徳義の腐敗」を挙げていたが、この時の視察によって日本と欧米諸国との差の大きさを痛感させられたのである。

それでは、どのようにして人心を正していけばよいのか。かつて近衛は、律令制下での綱紀粛正機関として設けられ、一時は明治政府も採用した弾正台の復活を唱えたことがある（「弾正台復活の議」）。しかし、この時点での彼は、外部からの規制よりも内面での浄化を重視した。このことについては、外国ならば宗教の力を借りることも有効だった。しかし、近衛は自分も仏教徒ではあるが、今日の日本の宗教には社会道徳の腐敗を改めるだけの力がないと述べている（「米欧巡廻中の雑感」）。そのため、人心の矯正は結局のところ、精神的教育によって根本から徳性を養う以外に方法はないとされるのである。

女子教育への支援

近衛は女子教育の普及にも積極的だった。そのことは、日本女子大学（当時の正式名称は日本女子大学校）設立への支援に表れている。大学設立計画の中心人物だった成瀬仁蔵が、広岡浅子と共に近衛宅を初めて訪れたのは一八九六（明治二九）年一一月四日のことだった。当日の日記には「西園寺公爵紹介、日本女子大学成立の賛成を乞ひたしとの事。直に賛意を表したり。又、九条公爵に紹介ありたしとの事に付、直に紹介状を認《したた》めて遣は

成瀬仁蔵
〔©Wikimedia Commons〕

す」と記されている（日記・一）。記述にはないが、近衛はこの時、賛助員になることを引き受けている。翌年に入ってから、成瀬は頻繁に近衛宅を訪問しており、近衛も彼の求めに応じて設立支援者を紹介するなどしている。

一八九七年三月二五日、東京の帝国ホテルで日本女子大学の創立披露会が開かれ、近衛もこれに出席した。当日の日記には「第一に余の女子大学設置賛成の演説を為し、直に同席を辞す」とある。近衛はこの日、創立委員長就任を依頼されたが、多忙を理由に辞退している。その結果、大隈重信が委員長となった。その後、五月二六日には大阪でも披露会が開かれ、近衛もこれに出席して演説を行ったとしている。いずれの日の演説かは不明だが、近衛は披露会において女子大設立の意義を大略以下のように述べている。

そもそも、家庭の状態が児童の性質に与える影響には大きなものがある。教育者たる者は決してこのことを看過してはならない。家庭で教育の任に当るのは母親であり、「賢母俊児を養う」という諺はまったくの真実である。女子教育が必要とされるのは、このように家庭教育の技量に優れた女性を養成し、将来に健全な国民を創り出そうとするためである。日本女子大学の創立の趣旨を見れば、これまでの女子教育の欠陥を補うに十分なものがあるといえる。そして、これがしばらくの年数を経れば、やがて「大に良妻賢母を養ひ、国家を負荷するの任に堪ふべき未来の国民を得るの益、蓋し至大なるものあらん」とされたのである（工藤、前掲）。

それでは、従来の女子教育の欠陥とはいかなるものだったのか。近衛によれば、それは学問を見栄えとする「生物知り《なまものじ》」の女性を世に送り出してきたことであった。そのような女性は、自分の子供に対して一家のため、一国のために修養せよと教えるような見識を備えていない。問題は女子教育が普及していないことだけにあったのではなく、教育の質そのものにあったのである。すなわち、近衛によれば、女子教育が必要なのは「啻《ただ》に女子の教育が進まぬから、其の教育をして智識を開かしむると云ふだけでなく、目的は女子其ものでなくして、私の目的は未来の国民と云ふ事にある」とされるのである（「女子教育と男子教育」）。成瀬仁蔵は女子教育を、「先ず人として、第二に婦人として、第三に国民として、教育する」ことと認識していたが、近衛もこうした考えに賛同していたことが理解される。

以上において、近衛は普通教育と女子教育の拡充に貢献したことを述べてきた。最後に一点だけ付け加えておきたいことがある。それは知的障害児者教育への支援である。この方面に関しては、当時の日本は未だ黎明期にあり、一八九一（明治二四）年に石井亮一が東京で創設した滝乃川学園が唯一の施設であった。しかし、資金不足から運営には多大な困難を来していた。そのような中で、近衛は数少ない資金援助者の一人だった。

石井は一九〇〇年一二月の新聞のインタビューにおいて、「我近衛、前田両公よりも若干の資金を恵まれましたから、之によりて大抵の設備は整へましたが、維持費は却々《なかなか》困難であります」と述べている（「白痴教育に就て」）。また、翌年一月の新聞記事では、石井の教育を紹介した後に、「此美挙に対し、資本の幾部を助けた人は唯一の近衛公ある許り《ばか》」と記されている（「白痴教育の話」）。経済的に決して豊かとはいえない近衛ではあっても、障害児教育への支援はノブレス・オブリージュとして当然のことと考えられたのであろう。ただ、近衛がこの分野について言及した文章はほとんど見当たらず、彼が具体的にどのように考えていたかは現在のところは不明である。

四　浄土真宗普及への関与

近衛と仏教

近衛篤麿が仏教の信者であることは前節で触れたところである。そもそも、近衛家は浄土真宗と縁が深く、真宗高田派の管長には近衛家の血縁の者がいた。そのため、篤麿の弟の鶴松も高田派の常磐井家の養子になっていたのである。また、そのような背景があったがゆえに、青年時代のドイツ留学期に知人たちとの宗教論争もなされたのであった。

近衛は華族の一員であり、仏教徒であったにもかかわらず、仏教界に爵位が授けられたことには批判的であった。一八八四（明治一七）年七月七日の華族令制定後、維新に勲功があった家系の者が叙爵した。これが新華族といわれる人々である。そして、明治政府の神社・神道重視政策のゆえに、神職には早い段階で爵位が授けられた。一方、僧侶への対応は遅れ、一八九六年六月九日に至って浄土真宗六家が叙爵した。その中には、高田派の常磐井堯猷も含まれていた（小田部雄次『華族』）。近衛によれば、この時の僧侶の中には爵位を熱望して有力者に運動した者もいたとのことで、そのような人物は「心事陋劣」にして、宗教家の本文を失ったものと批判されている。

近衛は次のように論じている。真宗は信徒が多く勢力も最大である。その理由は、多くの宗派の教義が深遠であって容易に理解し難いのに対し、真宗の教えは平易にして俗耳に入りやすく、他の宗派に比べて「平民的趣味」をもって特色としているためである。このように世俗的宗教でありながら、僧侶が爵位にうつつを抜かしているようでは、天下の信徒の心を失うこととなり、今後の真宗の存亡にも関わりかねないとされた（「宗教家の人爵」）。

宗教家の本来の目的は、仏法をもって人を感化することである。そのため、近衛は日本の新たな領土となった台湾の支配のために、仏教を利用することは有益だと考えていた。すなわち、台湾は未だ野蛮な風俗を変えることができずにいるが、これを感化する力を持つのは宗教であるとし、「余は真宗の布教に依りて台湾を啓くの甚だ緊切なるをなるを信じたり」と述べるのである。宗教家は爵位という虚栄に酔うよりも、現実社会に貢献すべきだと考えたのである。なお、前節では近衛が一八九九年には日本の宗教に人心を矯正する力がないと述べていたことを指摘したが、九六年の時点ではそれが可能だと考えていたことが分かる。

奥村兄妹と近衛

明治期に入ってから、朝鮮での仏教普及活動を熱心に進めていた人物に奥村円心・五百《い お》子《こ》兄妹がいる。二人は肥前国唐津出身で、父は真宗大谷派釜山海高徳寺の住職であった。円心は一八七七（明治一〇）年から朝鮮での布教を開始し、釜山、仁川、元山に東本願寺の別院（およびその支院）を建てた。円心は壬午軍乱発生後に帰国し、朝鮮での活動再開を期していたが、当時大谷派の財政状況が厳しくなっていたため、活動資金の援助を政府に頼ろうということになった。

奥村兄妹はまず、血縁関係にあった二条家の当主である二条基弘を通して政界への働き掛けを始めた。接近の対象となったのは近衛であった。近衛の一八九七年一月五日の日記には「唐津の女豪奥村五百子、二条公を介して自影を贈る」とある。二人が近衛と面会し

奥村五百子〔出典：近代日本人の肖像（国立国会図書館）〕

たのは六月二一日のことであった。この日の日記には、「円心布教の為朝鮮に出張可致《いたすべき》に付、其為海外布教に尽力有之度《これありたき》旨、本願寺法主に勧誘ありたしとの事、承知の旨答ふ」と記されている（日記・一）。また、円心の『朝鮮国布教日誌』によれば、近衛は朝鮮布教の考えに賛同しつつ、「地図を示して、釜山港、木浦《モッポ》辺に出張すべしと指揮」したとされており、近衛がこの計画にかなり乗り気だったことが分かる（山本浄邦「大韓帝国期光州における奥村兄妹の真宗布教・実業学校設立」）。そして翌日、近衛は東本願寺法主・大谷光瑩《こうえい》に宛てた以下のような書簡を送った。

抑々近来は西洋の諸国頻《しきり》に東洋の事に注意致候様に相成、今日にして百年の計をなさゞれば、遂に挽回致し難きに至るかと被存《ぞんじられ》候。就ては東邦の先進国たる我国の如き、率先して他を誘導致候事必要と被存候のみならず、近来兎角清韓両国共我国に対し、面白からぬ感情を和らげ、東邦諸国唇歯輔車の交を為すに至らしむる事は、独り当局者の尽力のみにては八ヶ敷《むつかしく》如斯《かくのごとき》場合には、宗教と教育の力を借り候事最も必要に有之候事と被存候。就ては今回の御企図は深く表賛意候のみならず、将来に於ても飽迄《あくまで》御方針御貫徹被成《なされ》、特に海外布教には御尽瘁下され候様、国家の為、又法の為、切に希望仕《つかまつり》候。(大谷派本願寺朝鮮開教監督部『朝鮮開教五十年誌』)

この書簡の中で、近衛が「今日にして百年の計をなさゞれば、遂に挽回致し難きに至るか」と記していること、そして釜山港と木浦周辺を活動の場に指定したのは、将来の日露開戦に備えてのことであったとする見解がある(任展慧「朝鮮統治と日本の女たち」)。前章で見たように、当時の近衛がロシアの脅威を根拠に、北海道の開発の急なることを論じていたことからすれば、朝鮮布教の奨励の背後に政治的な考えがあったと見なすことは十分可能である。

それと同時に、この書簡で重視すべきことは、近衛が「清韓両国」が日本に抱いている「面白からぬ感情を和らげ、東方諸国唇歯輔車の交を為す」ためには、宗教と教育の力を借りることが必要だと述べていることである。ここには明らかにアジア主義の構想の端緒を窺うことができる。かつて青年時代に、澎湖島に立ち寄った際に覚えた「唇亡歯寒」の思い、そしてドイツ留学時に芽生えたと思しき日中提携の考えが、今やロシアという敵の存在を認識することによって、日本・中国・朝鮮の提携の必要性として認識されるようになったということができる。そのためにも、奥村兄妹による朝鮮布教が必要だと考えられたのである。こうした点から見ると、朝鮮での真宗布教は、台湾での布教とは全く質を異にするものであったことが理解される。

近衛の側面援助

朝鮮に渡った奥村兄妹は近衛に頻繁に活動状況を知らせてきている。一八九七(明治三〇)年一一月二九日に届いた五百子からの書簡では、朝鮮全羅道での真宗布教の状況が説明され、日本と朝鮮との親密な関係を作るためには寺院の建設と実業学校を作ることが有益であるとして、外務省の機密費からの援助を得たいとされていた。近衛は機密費利用に対しては否定的だったが、円心は翌年一月に独自の行動で機密費の支出に成功している。

その後、実業学校の建設に当ったのは五百子だった。一八九八年四月、光州に渡った五百子は、用地の確保を行い、建設に着手することとなる。しかし、予定された外務省からの資金補助は安定せず、彼女はしばしば帰国しては近衛らに資金問題を相談している。九九年一月には、外務省の保護は将来廃止される見込みだとの内報を受けたため、五百子は同月末に近衛邸を訪ねて小笠原長生《ながなり》、長岡外史《がいし》、二条基弘らとの話し合いを行っている。そして、五百子らの事業のために協力者をつけるということが決まり、その人物と一緒に光州に戻らせようとしたが、途中で彼女が吐血したため取りやめとなった。そして、朝鮮で病床にあった円心も帰国させることになり、実業学校建設計画は彼らの手を離れることとなった。

その後、健康状態を回復した五百子は、一八九九年一一月二二日、海外視察を終えて帰国した近衛と京都で面会した後、一二月四日には東京の近衛邸を訪ねて中国への視察旅行について相談している。当日は小笠原ら数名の軍人も出席しており、彼らとの協議の結果、五百子を福州に派遣することとなった。近衛の記すところでは、「婦人の事なれば裏面より運動し、表面には本願寺の布教視察といふ事に致し置、支那の婦人を信認せしむるの方針を取る事、事業の範囲は彼地にある彼我の悪感情を、以上の方法によりて矯正する連鎖として働かしむる事を決す」とされている（日記・二）。ここからも、仏教をもって民族感情融和の手段にしようとする近衛の姿勢を窺うことができる。

奥村五百子は一九〇〇（明治三三）年一月から六月にかけて福州などの状況を視察した。その間、北方では義和団事件が発生し、八ヵ国連合軍と戦闘状態に入っていた。そのため、一旦帰国した五百子は真宗大谷派の北清慰問団に参加し、戦争の現場を見て回った。それをきっかけに彼女は、女性による遺族支援の団体を作る必要性を強く感じるに至った。翌年一月から数回にわたり、五百子は「軍人遺族救護の事」について近衛に相談した後、二月六日には近衛の官舎において、下田歌子、山脇房子、堀内文次郎、原胤昭《たねあき》、近衛の妻貞子らとの協議の結果、団体名を愛国婦人会とすることが決定されるに至った。

当日の近衛の日記には、「趣意書は和文にて下田起草する事となり、規則及びその他の事務上の事は男子にて担当する事とし、表面は婦人の名義によりて発表する事に決」したとある（日記・四）。そして、二月二四日には発起会が開かれ、近衛が仮議長となって趣意書、会則などの協議がなされた。その後、近衛は自身の人脈を基に会員の拡大に務めていった。

　愛国婦人会の設立に当って、近衛は五百子の情熱と影響力を最大限に活用して上流階級の女性たちを束ね、これを大きな国民運動にしていこうと考えたのだろう。こうしたことから、愛国婦人会を発案したのは五百子だが、その組織と運動のあり方には、近衛らの考えが強く反映していたと見ることができる。

五　伝統文化の保存について

平安遷都千百年紀念祭

　近衛篤麿は幼年時代に京都を離れ、その人生のほとんどを東京で送った。しかし、近衛家の当主として、京都の歴史や文物に関心を持ったことは当然のことであった。青年時代、病気のために大学予備門を退学し近畿方面での療養生活を余儀なくされ、京都に滞在した際には各地を訪ねて往時を偲んでいた。伝記によれば、「公の京都に留まるや、書画を展べ、詩歌を詠じ、名勝旧蹟を探り、神社仏閣に詣し、近郊より郊外に及び、悠々自適、以て清遊を縦にし」たということである（工藤、前掲）。この間、近衛は奈良にも遊び、大化の改新の旧蹟を訪ねて祖先の功業に思いを馳せたといわれる。

一八九五（明治二八）年は、平安京に都が移り、桓武天皇が大極殿で初めて正月の拝賀を受けた七九六（延暦一五）年から千百年目に当たる。これを記念して企画されたのが平安遷都千百年紀念祭であった。この事業に向けて、一八九二年五月頃から京都実業協会が立案を始め、有栖川宮熾仁親王《ありすがわのみやたるひと》（後に小松宮彰仁親王《こまつのみやあきひと》に交替）を総裁に迎え、会長に近衛、副会長に佐野常民《つねたみ》が就任して紀念祭協賛会が設立された。

紀念祭を期して平安神宮の造営が企画されると、近衛は発願人総代として「平安神社創立ノ儀ニ付願」を京都府知事に提出している。それによれば、一八九〇年に神武天皇を祀る橿原神宮が奈良に創建されたことに続いて、「遷都紀念祭の好機を以て平安神宮を建設し、桓武天皇の神霊を鎮祭し奉り、追慕尊崇の微意を表せんとす」ることを求めたものであった（『平安遷都紀念祭紀事』）。その後、平安神宮は一八九五年三月に完成し、官幣大社に列せられた。

本来、紀念祭は四月三〇日に明治天皇を迎えて催される予定であったが、諸事情によって延期されることとなり、一〇月二二日から三日間挙行された。二二日は桓武天皇の入京の日であり、翌年から平安神宮の時代祭となり現在に続いている。近衛は一八九四年と九五年、紀念祭との関連で四回にわたって京都を訪れている。前述したように、この時期は議会において伊藤内閣と厳しく対立し議論を戦わせていた頃である。その合間を縫っての京都訪問であったことからすれば、紀念祭に寄せる近衛の熱意を窺い知ることができるだろう。

古社寺の保存

さて、この時の紀念祭は京都の名勝古跡、美術工芸品を世界に知らしめる絶好の機会となるはずだった。しかるに、明治維新以降の廃仏毀釈の中で、古社寺の保存や修繕は顧みられず、「千古の名蹟、百世の偉観は変じて狐鼠の窟と為り、明宝珍器も保存維持の道なからんとする」状態となっていた（同前）。

もちろん、政府が何もしていないわけではなかった。一八九五年四月五日、内務省は「古社寺調査事項標準」(内務省訓令第三号)を作成し、各府県に古社寺、名勝、旧跡、建物などを調査させるよう命じている。しかし、近衛は調査を地方自治体に任せてはよい結果が得られないと考えて、これとは別種の委員会を組織すべきだとして、九六年三月一日、第九議会に「古社寺保存会組織ニ関スル建議案」を提出するに至った。

建議案では、古社寺の保存の如何は「一国の美術、一国の光栄」に関わるものであるがゆえに、国家がこれを傍観していてはならず、適切な方法をもって保存しなければならないと説いている。建議案の説明によれば、全国には寺社は一七万件以上あるが、保存に値するものは一二万八〇〇〇件あるとされている。他方、議会の中には軍事費を優先せよとの意見もあった。だが近衛は、そうした姿勢は国際社会における日本の評価という点で良い結果をもたらさないだろうとする。すなわち、日本は軍事には力を入れるが、それ以外には何もしない国だと見られることは好ましいことではないというのである。近衛は日頃から次のように述べていたという。

凡そ一国品位の高下は、其肇造の新旧に岐れ、而して旧邦の精華を徴表するものは、即ち伝来の建築物及美術品是なり。故に之を保存するは、即ち其国の品位を維持する所以にして、徒らに以て懐古守旧の料と為すにあらず。（工藤、前掲）

また近衛によれば、西洋諸国はアジアを軽侮し、しばしば非礼な態度を取るが、日本や中国に対しては本心においては多少の敬意を払っているとされる。それは、建国が極めて古く、貴重な古代の建築物や美術品が豊富に揃っているからだという。こうしたことから近衛は、日本が軍備に力を入れると同時に、古建築や古美術の保存にも尽力していることを世界に知らしめれば、国家としての品格が自ずと高く評価されると考えていた。彼の伝統文化の保全という姿勢は、自らの根底にあるナショナリズムの現れであることはもちろんであるが、それと同時に、そこには日本が文化国家としても評価されるべきだという、彼の国家観の一端が現れていると見ることもできるであろう。

以上のような主張の基礎に、美術についての近衛の豊富な知識と審美眼があったことはいうまでもない。近衛家に代々伝わる美術品はすべて歴史ある逸品ばかりであった。近衛は「閑あれば輒《すなわ》ち之を手撫し、巨細に其実質を検し、加ふるに平生目にする所、皆な貴重の名品にして、其鑑識為に益々長」じたということである（同前）。古美術品や建築物の保存についての認識は、日常的に培われたものあったといえよう。

修史の重要性

近衛は歴史こそ国民精神涵養の根源であると考えていた。そのためには、修史すなわち正しい歴史書の編纂が必要であった。彼は青年時代から、そうした考えを持っていた。ドイツ留学時の一八八九（明治二二）年夏、近衛は次のような文章を著していたのである。

> 日本風記年代記様乃《の》ものは歴史とは云《いい》難し。真の歴史とは彼何年何月三皇即位、何年何月地大震し類をのみ載す可《べか》らず。随《したがい》て起る処の変革、社会上の沿革を記せざる可らず。我国この類の書に乏し。これ目下修史の我国に必要なる所以なり。これ等は、彼在来の歴史所謂年代記のみを基礎としては、到底望み難き大事業なり。
>
> （『螢雪餘聞』第一三冊緒言）

それから一三年を経た一九〇二（明治三五）年七月、近衛は高崎正風、細川潤次郎と謀って、「六国史校訂建議」を宮内大臣に提出している（日記・五所収）。六国史とは日本古代の律令国家によって編纂された正史の総称である。六つの史書とは、『日本書紀』『続日本紀』『日本後紀』『続日本後紀』『日本文徳天皇実録』『日本三代実録』を指し，その記述は神代から光孝天皇の八八七（仁和三）年までに至っている。

近衛らの建議によれば、当時刊行されていた六国史の刊本は誤写本に拠ったものであるため、誤字脱字、年月の錯乱、事実の誤りなどが散見され、正確な理解に支障を来していた。そのため、校訂が是非とも必要だとされたのである。しかも、歴史は現実の生活に関わるところが非常に大きい。例えば、「独逸《ドイツ》国の如きは倫理の教科書には今専ら其の国史を用ゐ」ているとのことであり、日本でも国民精神を今後さらに興隆させていくに当っては、歴史教育を重んずるべきだと考えられたのである。

最後に近衛の芸術観について付言しておこう。近衛の考えでは、芸術家の創作活動はすべて社会性を持たなければならないものであった。彼は一八九七（明治三〇）年一一月二三日、小説家の大橋又太郎（乙羽）に宛てて以下のような書簡を送っている。「文学、美術をして単に糊口の料《かて》とする迄の考なればいざしらず、苟しくも小説家なり、画家なりと称する程の人は、社会の嗜好を高尚なる方に向はしむる為尽力するは其責なりと存候。これを換言すれば文学家、美術家は社会の嗜好の跡を遂て行くが如き事なく、これに先んじて世の風潮を左右するの抱負あらんことを望ましく存候」(日記・一)。

以上の書簡からすれば、近衛は報酬目的の作家や芸術家の存在を完全に否定するものではないが、社会的風潮におもねるだけで、精神面での向上に貢献しようとしない者たちを低く見ていたことが理解される。彼は作家や芸術家の社会的責務を重んじていたのであるが、こうした姿勢には、近衛家という文化環境で育ったことが影響を与えていたのかもしれない。

第四章　アジア主義者としての近衛篤麿

一　同人種同盟論の提示

これまでの各章で見てきたように、近衛篤麿は青年時代からしばしばアジア問題への関心を示していた。だが、それらは概ね情緒の域を超えるものではなかったといってよい。しかし、ドイツ留学から帰国した後、貴族院議員となって政治活動を開始するようになると、厳しい国際情勢の中で日本の進むべき道を考えなければならなくなる。日清戦争に勝利を収めたとはいえ、アジアに対する西洋列強の圧力が減じているわけではなかった。特に、南下を図ろうとするロシアの脅威を感じるにつれて、それへの対処の方法を講ずる必要性を認識することとなったのである。

人種対決の理論

近衛の言説において、人種論が登場するのはいつ頃のことなのか。一八九七（明治三〇）年以前の彼は人種論に否定的な立場であったとする証言がある。すなわち、同年二月にアメリカ留学から帰国した大内暢三《ちょうぞう》は、近衛と会った際に人種論についての意見を求めたことがあった。すると近衛は、「君が人種競争だと思ふて居るのは間違ひだ。人種競争と云ふものはない。併しながら文化の競争はある」として、自分たちが努めるべきことは文化の向上だと答えたというのである（大内「近衛霞山公と東亜同文書院」）。

しかし伝記によれば、近衛は日清戦争以後、しばしば次のように述べていたという。「東洋は東洋の東洋なり。東洋問題を処理するもの、固《もとも》と東洋人の責務に属す。夫《か》の清国、其国勢大に衰へたりと雖も、弊は政治に在りて民族に在らず。真に克《よ》く之を啓発利導せば、偕《とも》に与《とも》に手を携へて東洋保全の事に従ふこと、敢て難しと為さず」（工藤、前掲）。もし、大内が記すところに信が置けるとすれば、近衛の中にはアジア対ヨーロッパという構図が先にあり、その上に人種論が急速に付加されていったと見ることができよう。それが文章として提示されたのが、一八九八年一月の雑誌『太陽』に掲載された「同人種同盟　附支那問題研究の必要」であった。以下において、その内容を簡単に見ていこう。

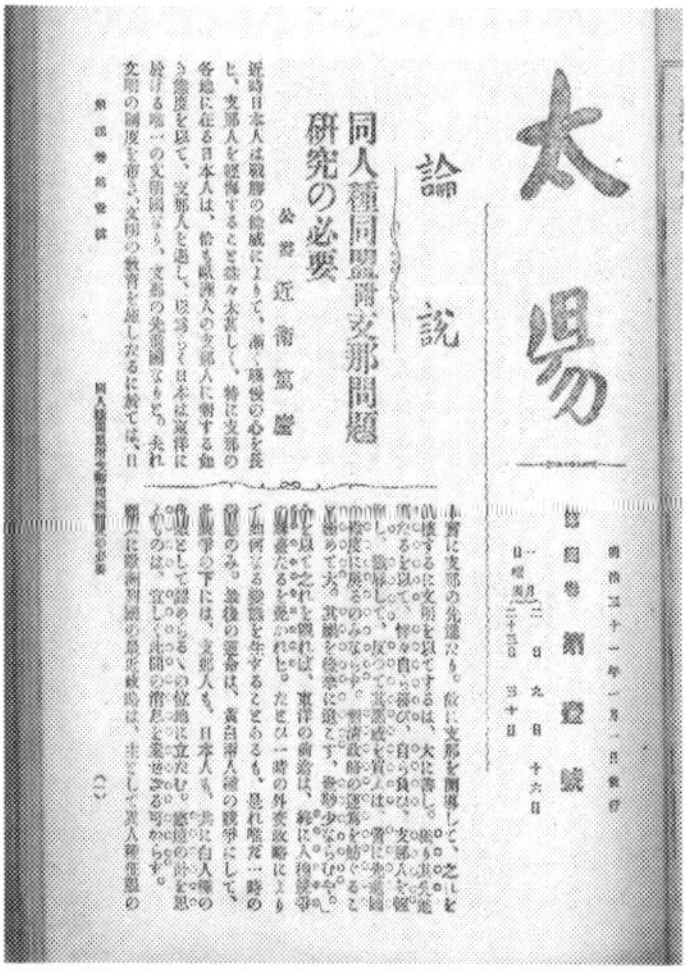
太陽
論説
同人種同盟附支那問題研究の必要
公爵　近衛篤麿

同人種同盟〔霞山会所蔵〕

日清戦争後、日本人は中国人に対して「東洋に於ける唯一の文明国」であり「支那の先進国なり」として驕慢な態度を取る傾向にある。このように中国人を軽侮し辱めることは、彼らの反発を買うだけで、相互の関係を悪化させるだけに過ぎない。しかるに、大局的に見れば、「東洋の前途は、終に人種競争の舞台たるを免れ」ず、「最後の運命は、黄白両人種の競争にして、此競争の下には、支那人も、日本人も、共に白人種の仇敵として認めらるゝの位地に立た」

されることになるだろう。

西洋列強の世界政策は異人種征服を目的としており、未開の地では彼らはあたかも無人の境を行くがごときものがある。しかし彼らは、黄色人種に対しては侮り難いものがあることを悟り、単独の国でこれを支配することは困難だと考えるに至った。そのため、列国は連合してまず中国の分割を行おうと考えている。現実には、まだ中国分割の危機は迫っていないかに見えるが、実はその大勢は既に定まっているのであって、日本を始めすべての黄色人種は「同人種保護」の策を採らなければならない。かくして、列国が中国分割に乗り出す時は、黄白人種競争の最終局面への突入に他ならず、「此終局に於ける日本人の運命は、独り人種競争の活劇以外に立つことはできない」とされるのである。このような危機を迎えている中で、日本人は何をすべきなのかといえば、それは中国問題を研究すること以外にないのである。

思想史的観点からすれば、近衛の主張は当時の論壇で隆盛を極めていたアジア・モンロー主義の一種に数えられる。アジア・モンロー主義とは、かつてのアメリカの外交政策を手本としてアジアの排他的連帯を志向するもので、一八九〇年代前半に朝鮮をめぐる中国との軍事的緊張状態の中で、欧米諸国のアジアへの影響力を排除させる意図をもって唱えられていた。そして、日清戦争後には日本盟主論と人種対立論がそこに加わり、田岡嶺雲のように人種闘争の立場から「東亜の大同盟」を説く人物が現れていた。近衛の「同人種同盟」は、そうした思想潮流を代表するものの一つであったということができる。

以上のような近衛の主張は、早くから一部の中国人にも知られるところとなったと見られる。一八九八年二月、変法派の指導者として知られる康有為《こうゆうい》の門下であり、横浜大同学校の校長となる徐勤《じょきん》が近衛のもとを訪れ、ドイツによる膠州湾占領に対抗すべく日中提携の可能性を話し合っているのは、その現れであるといえるであろう。この後、変法派の人々は近衛に積極的に接近することになる。

康有為
〔©Wikimedia Commons〕

他方、国内においては、同年二月に近衛の論説を批判する文章が現れている。それは、雑誌『天地人』に掲載された「黄人種同盟の是非得失」という無署名の論説である。その主旨は、同人種であることを根拠に同盟して、白人種と闘おうとすることは無意味であるという点にあった。この論説によれば、同人種であるがゆえに同盟して互いに救うためには、同種族の中から「優勝者」を出して進化を図ることが前提とされなければならない。「優勝者」とは、「旧態を脱し同族を抽《ぬき》んでゝ更に上等なるものと化したるものゝ謂」である。日本人は黄色人種であるが、白人種の長所を学び利器を用いて、近隣の諸国を凌駕して「優勝者」となるべきなのである。

しかるに、中国は「其の大局面に於ては依然東洋古風の文明を墨守して相更《あらた》むるを肯んぜざる」有様で、無理にこれと同盟したとすれば日本に害を及ぼすことは必定である。ここから導き出される結論は、「(日本は)欧洲基督教国の文明と同盟連衡すべきのみ」であり、「黄人種同盟論の如何に薄弱なる者なるやを認むるに容易ならん」とされたのである。

以上のような近衛批判が、福沢諭吉の文明観に依拠していたことはほぼ間違いない。

海外での反響

近衛の「同人種同盟」は、当時の黄禍論の代表的論客であったチャールズ・ピアソンの著作の影響もあって、ヨーロッパにおいて大きな反響を引き起こした。そして、近衛の論説は、イギリスの元外交官のフレデリック・カリフ＝オーエンによってアメリカにもたらされた。日中同盟を紹介する彼の論説は、『ニューヨーク・トリビューン』や『シカゴ・トリビューン』などの各地の主要紙に掲載され、アメリカで広く読まれることになる。それらの記事は、アジア人の人口の多さを指摘しながら、白人種に向けられる憎悪という点から、その危険性を訴えていた（廣部泉『黄禍論』）。

ヨーロッパにおける反響の大きさを近衛に伝えたのは、学習院から派遣されてドイツ滞在中の中村進午であった。四月一二日の日記に付された中村の書簡によれば、「閣下の日清同盟論、欧洲各新聞紙上論争の淵源と相成り、数日前フランクフルター・ツァイツングにも掲載有之候」とされ、周囲の人々の意見では近衛の説には批判的であるとし、「閣下の御本心が人種同盟を御是認被遊候《あそばされ》にもせよ、閣下にして此の如き事を公けに被遊候へば、［中略］外人は一人として閣下を敵視せざるものは無之《これなき》に至るべくと奉存候《ぞんじたてまつり》」と述べていた。また、同月二一日の日記には、同じくドイツ留学中の弟英麿からの書簡も付されているが、その内容も人種同盟には否定的で、人種対立の政策を取れば、ヨーロッパ人は日本を「別世界視し、常に衝突の憂を免れざるべし」とするものであった（日記・二）。

近衛自身は中村と英麿からの書簡については何も言及していないが、その内容は厳しいものとして受け止められたに違いない。近衛としては、自らの主張がここまで危険視されているとは思わなかったのではないだろうか。そのためもあってか、五月に発表された論説「時務管見」では主張の変化が見られる。この論説は伊藤博文の外交政策を批判したものだが、近衛はその中で、自らの前説を否定して、黄白人種の異同から論を立てることは誤りであって、本意とするところではないと述べているのである。この後、近衛は人種論的見解を表明することはほとんどなくなる。そのため、同人種同盟論はこの後の彼の中国政治論に反映されることはない。

荒尾精一門の合流

一八九八年六月になると、中国本土で活動していた様々な人士、すなわち大陸浪人と呼ばれる人々が近衛と接触を図るようになる。それは、かねてからの知己である白岩龍平を始め、中西正樹、井手三郎らといった人々である。彼らは、中国在住の従軍民間人の親睦組織である乙未会《いつびかい》の会員であり、かつての日中提携論の唱導者であった荒尾精《あらおせい》を継ぐ人物を求めていたといわれる。それでは、荒尾とはいかなる人物か。彼の略歴を簡単に紹介しておくことにしよう。

　荒尾精は尾張の人で、一八五九（安政六）年七月二四日生まれの陸軍軍人である。明治初年、彼は東京に出て外国語学校に学んだが軍人を志して中退し、教導団を経て八二年に陸軍士官学校を卒業する。その後、歩兵第一三連隊、参謀本部を経て、八六年中国に派遣された。そして、上海で売薬業を営んでいた岸田吟香《きしだぎんこう》と親交を結んで漢口楽善堂を作り、そこを拠点に中国各地の調査を行った。さらに九〇年には、日本の中国への勢力拡大をはかるため、上海に日清貿易研究所を設立し、日本人青年の教育に当たり、日清戦争に際しては卒業生を通訳・諜報活動に従事させた。予備役となった後、九六年九月に台湾に渡ったが、一〇月三〇日、ペストのため台北で客死した。荒尾は日中提携によるアジア保全を訴

荒尾精
〔©Wikimedia Comons〕

えた人物で、日本の初期アジア主義者を代表する一人ということができる。そうであれば、荒尾の信奉者たちが後継者たる人物として近衛に接近したことは、自然な成り行きであったといえよう。

近衛の日記に荒尾の名前が初めて現れるのは、一八九五（明治二八）年三月二八日のことである。当日の条には、「荒尾精より自著『対清弁妄』一巻を寄贈す」とある。『対清弁妄』は荒尾の最後の著作で、日清戦争勝利後の日本は領土割譲や賠償金を要求せず、中国を改造して日中連携を図るべきだと主張していた。近衛も同書から何らかの影響を受けたのかもしれない。

荒尾の死を知った近衛は、九六年一一月二日の日記に、「日清の間益多事ならんとするに当たり、此有為の人を失ふ。痛惜すべきなり」と記している。また一二月六日、築地本願寺で行われた荒尾の葬儀に出席した近衛は、「荒尾氏の門下生数十名、当日輿丁となりて柩を舁《かつ》ぎ来るをみる。会葬者の感をいっそう深からしめたり」と書いている（日記・一）。そして、荒尾の記念碑建設に当っては発起人に名を連ねている。近衛は荒尾と直接の面識はなかったといわれるが、以上のような日記の記述からすれば、近衛は彼に強い親近感を

盛宣懐
〔©Wikimedia Commons〕

覚えていたものと推測される。

さて、先に述べたように、荒尾の門下生たちは一八九八年六月に近衛との接触を試みていた。近衛は六月一三日の日記に、「午後白岩竜平《ママ》の紹介にて、中西某、井手某の両人に面会す。大内暢三も同席す。種々支那談あり、明日午後、対支那策に付実着なる考を有するもの数輩と、官舎にて集会可致《いたすべし》との事を約せり」と記している。それでは、この時の「支那談」の内容とは何だったのか。酒田正敏は、それがかつて福本誠が同年三月に国内有志に宛て、中国の状況を知らせた書簡と同様のものであったのではないかと推定している（酒田『近代日本における対外硬運動の研究』）。

その書簡の内容は、中国の政治家の「大部は漸進論者にて内に対しては公武合体論、外に向かひては日清同盟論」であるとし、上海道台蔡鈞《さいきん》、鉄路督弁大臣盛宣懐《せいせんかい》はアジア同盟の必要性を述べているというものであった。酒田の所論に基づくなら、それは近衛の従来の観念的なアジア連帯論から、具体的かつ現実的なものへの転換点となり、同文会の結成につながるものであったということができるであろう。

翌一四日の日記には、官舎において中西、井出、白岩、大内らと面会し、「同文会組織の事等に付熟議し、余も相当の助力を為すべきことを告げ、同会の為に規約書起草の事を右四名に命ず」とある。そして一九日には、「長岡（護美《もりよし》）子を訪問し、同文会発企賛成者たる事を勧誘し、直に同意を得たり。此時中西、大内、井手、白岩等来会し、種々同会組織の事に付協議し」云々と記されている（日記・二）。こうしたことから、同文会結成に向けての準備が、僅か数日間のうちに急速に進んだことを知ることができる。

このように、近衛は素朴な民族意識からアジア人の団結を考えるに至り、その延長線上において短期間ながら人種同盟論を唱えるようになり、このことが彼をアジア主義者としてのイメージを高め、運動の実践家たちが周辺に集まるようになったのである。しかし、彼は思想家ではなく政治家である。そのため、彼が理想主義を前面に出すことはなく、より合理的な判断をするであろうことは容易に想定されるところである。そこで、次節以下においては、その具体的な事例を見ていくことにする。

二　東亜同文会の結成

同文会と東亜会

同文会は一八九八（明治三一）年六月、乙未会の白岩龍平、中西正樹、井手三郎と精神社の大内暢三を創立員として、近衛篤麿および貴族院の長岡護美、谷干城両議員、楽善堂の岸田吟香を発起賛助員として発足した。同文会は実質的には乙未会と近衛の精神社の合流であったといえる。会員は既述の人に加え、近衛の同志である清浦奎吾《きょうらけいご》、佐々友房《さっさともふさ》、側近の五百木良三《いおきりょうぞう》、柏原文太郎《かしわばらぶんたろう》らを加え、約三〇名で発足した。また、後述する東亜会の陸《くが》実《みのる》（羯南《かつなん》）、池辺吉太郎《きちたろう》らの言論人や犬養毅らの政治家も加わっている。本部は東京の赤坂溜池に置かれ、資金面では森村財閥の創設者である森村市左衛門に援助を仰いだ。

白岩執筆による「同文会設立趣意書」には、「本会は支那問題の研究と共に支那事業の実行を担任し、各般の調査に従事す」とあり、事業としては以下の七項目が上げられている（日記・文書所収）。

一、上海に同文会館を設け、両国有志の協同を図る事。
二、上海同文会館附属図書館を設け、両国の図書を編集す。
三、上海同文会館附属翻訳局を設け、両国の図書を訳出す。
四、上海及東京に同文学堂を置く。
五、上海、福州、漢口、天津、重慶及広東の各要地に、漸次漢字新聞を設く。
六、航海、貿易、銀行、鉱山等の事業を経営す。
七、上海乙未亜東時報と東京精神社時論と聯絡を取る。

同文会の活動は、同文学堂の設置に見られる教育活動、図書の編訳や新聞発行のような文化活動、さらには経済活動にわたっているが、いずれも政治性を感じさせるものではない。同文会の事業、特に中国における経済事業は乙未会のものを引き継いでおり、その他の主要な活動も乙未会によって主導されたといわれる（翟新『東亜同文会と中国』）。

東亜会は同文会に先立ち、一八九七年春に結成されていた。それは、福本誠（日南）の渡欧送別会が開かれた際に参加者によって結成が提案され、発会の日には陸実、三宅雄次郎（雪嶺）、犬養毅、池辺吉太郎、平岡浩太郎ら九名が集まり、四ヵ条からなる決議を採択している。それは、機関誌を発行する、時事問題を研究し所見を発表する、横浜・神戸居留の中国人の篤志家を入会させる、そして中国変法派の康有為、梁啓超《りょうけいちょう》らの入会を許すというものであった。また、会員には宮崎滔天《みやざきとうてん》や平山周《ひらやましゅう》のような大陸浪人も名を連ねていた点で特徴的だった。しかし、同会は資金的な準備を欠いており、その活動は研究や討論といったレベルに留まっていた。

梁啓超
〔©Wikimedia Commons〕

東亜同文会の結成

上に述べた東亜会と同文会は合併して東亜同文会を結成することになる。合併のきっかけとなったのは、政府からの補助金の獲得ということであった。当時、衆議院議員であった平岡は、民間有志の対外活動を活発化させるために外務省の機密費増額に成功したが、時の大隈内閣としてはいずれの団体に資金を交付するかを決定できずにいた。そのことを知った大陸浪人の中野二郎は、「東亜会、同文会の両団体を合同すれば従来東亜経綸を策して活動せる人物を殆ど網羅する強力なる団体となすことが出来るのであるから、両会を合同して政府の補助金を交附し、大いに東亜の経綸を行はしむるがよい」と考え、両会の間を周旋して合併させ、東亜同文会が成立することとなった（黒龍会『東亜先覚志士記伝』）。一〇月二二日の日記を見ると、近衛は東邦協会、亜細亜協会、海外教育会などを含めた大合併をも考えていたようであるが、この段階では二つの組織の合同のみに留まった。

近衛の一〇月二七日の日記には、「東邦協会と東亜、同文（昨夕会合の上此二会は合併したる筈なり）と合同の事に付、交渉会を日本倶楽部に開く」という記述がある。ここから、東亜同文会は前日の二六日に結成されていたことが確認される。しかし、当日の近衛自身は学習院に出校した後「五時帰邸」とあり、その会合には出席していなかった。東邦協会との関係については、合同を求める意見もあったが、結局は互いに独立した組織として連携していくこととなった。また、この日の会合では近衛を会長に推薦することが諮られ、本人もこれを「仮に諸し置」いた（日記・二）。

東亜同文会の発会式は一一月二日、東京神田淡路町の萬世倶楽部で行われた。近衛の日記によれば、「出席三十名、一同よりの依頼にて余座長席に就き、東亜、同文両会合併顛末報告、規則、趣意書、方針、会務等に付相談」がなされた。しかし、これに続く記述には、「方針は世に発表するものとすれば穏当ならぬ処ありとて、池辺吉太郎、三宅雄二郎、田鍋安之助《たなべやすのすけ》を委員として修正せしめ」たとある。ここでいう「穏当ならぬ処」とは何かといえば、それは綱領の策定に当って、康有為、梁啓超ら中国変法派の処遇の仕方についてであったと推定されている。

もともと、東亜会と同文会とでは、中国の政治勢力の評価の面で意見の相違があった。前述したように、東亜会は中国変法派の康有為、梁啓超らの入会を許すという立場であり、また孫文ら革命派に対しても支援する意向を持っていた。他方、同文会は清朝を援助して列強による分割を防ごうとする姿勢であった。近衛は同文会の中心的人物であるため東亜会の立場には反対なのだが、結局は双方の調停に入って、「両説の目的とせらるゝ所は支那の保全にあるのであるから、本会は支那の保全を目的とするといふことに定めてはどうであらうか」と述べたため、両会共にこれに賛成するに至ったといわれる（黒龍会、前掲）。かくして、修正方針案はすべて可決されることとなり、変法派の人々は「会友」として待遇することに決定した。

東亜同文会主意書においては、列強の圧力を受けている状況の下で、日中両国は「上は即ち両国政府須《すべか》らく公を執り、礼を尚び、益々邦交を固うすべく、下は即ち両国商民須らく信を守り、利を共にし、弥々《いよいよ》隣誼を善くすべく、両国士大夫即ち中流の砥柱《し》となり、須らく相交るに誠を以てし、大道を講明し、以て上を助け下を律し、同じく盛強を底《いた》すべきなり。是れ東亜同文会を設くる所以なり」とされた（東亜文化研究所『東亜同文会史』）。また人事面では、近衛が会長に就任し、池辺、井上雅二《まさじ》、陸、佐藤宏が幹事に、田鍋が常任幹事に就任した。

東亜同文会綱領は発会時の決議を修正して、最終的に以下のように決定された（同前）。

一、支那を保全す。
二、支那および朝鮮の改善を助成す。

三、支那および朝鮮の時事を討究し実効を期す。

四、国論を喚起す。

ここでいう「保全」とはもちろん「分割」の対語であるが、実際には両者共に中国の主権に対する優越的立場からする政策であったことには違いはない。つまり、保全する主体は日本であり、中国と朝鮮は客体であることが明確化されたのである。こうした点から、東亜同文会の綱領はアジア連帯の政治化を強く示すものであったといえるであろう。

東亜同文会の事業

以上のように、東亜同文会は成立を見たものの、大隈内閣の下で内定していた同会に対する補助金の支出は、同内閣の総辞職（一八九八〔明治三一〕年一一月）によって延期されたため、発足当初においては具体的な事業内容を決定することができなかった。その後、第二次山県内閣が成立するに及んで、近衛は青木周蔵外相としばしば折衝した結果、九九年四月から四万円の補助金支出が決定し、事業内容の決定が可能となった。こうしたことを経て、同年三月一四日に富士見軒において東亜同文会春季大会が開催された。近衛はここで将来の方針について述べたというが、文章は残されていない。大会では人事を一新すると同時に、中国の主要五都市（北京・上海・漢口・福州・広東）に支部の設置が決定された。そして、以下のような事業計画を決定している。

「支那の部」では、漢口の『漢報』と上海の『亜東時報』に対する補助、福州の東文学堂と『閩報』への補助、漢口（後に上海に変更）・広東への留学生派遣、さらに上海支部、漢口支部、広東駐在所、福州駐在所、北京駐在所への支出が計上されている。また「朝鮮の部」では、『漢城月報』の発刊、平壌・北青での日本語学校の設立、京城学堂への補助金の支出が計上されている。出版・教育活動を主体に、積極的な事業展開が予定されていたことが分かる。『漢城月報』は一八九九年春に創刊された朝鮮語雑誌だが、経営不振のため同年一二月に廃刊された。また、北青に予定されていた日本語学校は城津に変更された（同前）。

留学生の派遣が決定されると、これへの応募者は二〇数名に上った。審査の結果、上海には山田純三郎ら七名を、広東には橋本金次ら六名を派遣することとなり、各留学生は九月までに現地に到着し、それぞれ上海支部長井手三郎、広東支部長高橋謙の監督下で勉学を開始した。彼らは三年間に主として言語（上海は北京語、広東は広東語）を学び、修得後は中国の各支部に勤務して会の事業を担当させることとなっていた。しかし、まもなく、大規模な学校を中国の政治的要衝である南京に設立し、広く大陸で活躍する人材を育成すべきだとする意見が高まってくる。東亜同文会のこうした流れが、後に近衛が南京で劉坤《りゅうこん》一《いっ》に学校設立を持ちかける背景としてあったのである。

劉坤一
〔©Wikimedia Commons〕

東亜同文会は一八九九（明治三二）年一二月一〇日の評議会で、外務省に対して翌年度の補助金を倍増させることを求めることに決した。近衛は「本年度に比し四万円の増加なれば、外務省に向ひ保護の増額を要求する為、余等職員の外、評議員中より神鞭《こうむち》、栗原、佐々、長谷場よりも外務に交渉する事と決す」と記している。当時の近衛は、後述するように、七ヵ月以上にわたる海外視察を終えて帰国した直後であった。そのため、彼は帰国後一度だけ協議に参加しただけであった。だが、近衛本人は補助金獲得に楽観的であったように見える。

一一日、近衛は長岡と佐藤正と共に外務省に赴き青木外相と面会した。そこで、近衛が補助金増額について切り出したところ、青木は「昨年議定なりし八万円の機密費中、四万円は同文会に下附すべきは勿論なれ共、尚ほ増額の事は到底応じがたし」とした。翌日、近衛は議会に出席した後、松方蔵相を訪ねて追加予算の提出を求めた。これに対して松方は、東亜同文会の事業は外務省の管轄下にあるにもかかわらず、予算の増額を断られたため、改めて大蔵省に頼み込むことは「筋違いの事」だとして即座に拒否した。また松方は近衛に向かって、「日本にて支那事情に通ずる人材育成は最も必要なれ共、我より出金して迄も支那人を教育するの必要なし」と述べた（日記・二）。近衛としては、東亜同文会の趣旨が理解されていないことに失望したことであろう。

一九〇〇（明治三三）年に入っても、近衛は先頭に立って補助金増額の交渉を続ける。二月八日、近衛は青木外相と会談したが、青木の返答は「清韓在留日本人教育費ならば差支なし、然れ共大蔵の方到底六《むつ》かしからん」というものであった。翌九日には主計局長と面会したが、ここでも追加予算は不可能と拒否された。交渉はこれが最後となった。この日、近衛は同文会の幹事たちに、「最早断然政府との交渉は中止する方然るべく、其必要なる金円は適当の処より借入るゝの外はあるまじ」といわざるを得なかった（日記・三）。近衛の交渉力をもってしても、予算の増加をなし得ることはできなかったのである。

　その後、同年三月二五日には亜細亜協会が東亜同文会に合流し、組織的拡大がなされた。亜細亜協会は一八八〇年二月に創立された興亜会を改組したものであるが、日中対等を強調する点で東亜同文会とは性格を異にしていたといわれている。しかし、同会は創立以来ほぼ一貫して長岡護美が会長を務めてきたことからも分かるように、両組織は人的系譜でつながりがあった。当時のアジア主義団体は、人的側面において重なり合って存在していたのであり、明確な意見の相違でもない限り合併は容易であった。この時、合流した人物には榎本武揚《たけあき》、花房義質《よしもと》、渡辺洪基《ひろもと》、恒屋盛服《つねやせいふく》らがいる。

三　中国変法派への対応

康有為の来日

一八九八（明治三一）年九月二一日、戊戌政変が発生し光緒帝は幽閉され、西太后が再び権力を握ることとなり変法運動は頓挫した。変法運動の指導者である康有為は、政変の前日に北京を離れて天津から上海に向かっていた。康は上海でイギリス領事館の保護を受けた後、二九日に香港へと移った。同地では宮崎滔天が康有為と接触し、彼を日本に亡命させる運びとなった。この時、東亜会の会員である滔天は、康を日本に渡らせた後に孫文と会見させて、変法派と革命派を合流させることを企図していたのである。

一〇月一〇日過ぎから、日本のマスコミでは康有為がどこに向かうかが主たる関心事になっていた。多くの新聞は康が欧米に向かうだろうと報じており、日本に向かうとするものは少なかった。しかし、大隈外相は一〇月九日、香港領事の上野季三郎宛に康有為を保護する旨の訓電を送っていた。一九日、康有為は滔天らと日本郵船河内丸にて香港を出航し、神戸を経て二五日の夜に東京に到着した。翌日、滔天は孫文との会見を画策したが、康の強い拒絶に遭って失敗に終わっている。

張之洞
〔©Wikimedia Commons〕

西太后
〔©Wikimedia Commons〕

近衛は既に、改革運動実行中の康有為らの情報に接していた。八月二四日の日記には、上海滞在中の白岩龍平からの書簡が付されているが、そこでの康有為に対する評価は決して芳しいものではなかった。白岩は次のように記している。

近頃康有為の声名北京及地方に喧しく、新聞紙も日として康の論議あらざるなし。或は少しく名斃れの怕れ有之申候。今度上海に参り時務報の督弁を命ぜられたるは、北京放逐の姿に聞及申候。又康有為は張之洞《ちょうしどう》の容るゝ所とならず、意見も全く枘鑿《ぜいさく》（齟齬の意――引用者註）致候為、両派の子弟門生互に相

攻むるの風あり。　　　　　　　　（日記・二）

もちろん、ここには白岩の主観も含まれているだろうが、こうした情報によって近衛の康有為に対する心象も形成されていった可能性もある。白岩だけでなく、同文会全体にも康に対する批判的な見方が多く見られた。一〇月一六日の会合では、康有為・梁啓超を国事犯として日本政府が保護することは必要としながらも、「康の如きは英に於て一旦保護し乍《なが》ら、これを日本へ托すると云ふは其真意甚だ疑はしきものあり。今回の事変の局を結ぶにあたり、成功せば其功を自ら収め、失敗せば罪を日本に帰するの策なるなからんや」とする意見も見られたのである（同前）。ここには、宮崎滔天の行動に代表される東亜会とは対照的な姿勢を窺うことができる。

近衛が康有為と面談したのは、東亜同文会の成立を経た一一月一二日のことであった。この時、近衛は「東洋に於て亜細亜のモンロー主義を実行するの義務、じつにかゝりて貴我両邦の肩にあり」と自説を述べる一方で、「今春来の改革の急激なる、実に余等をして甚だ危険の念を起さしめたり」として、改革運動の拙速さを批判している。これに対して、康は今回の政変が自分たちの改革に起因するものではなく、守旧派の暗躍に由るものであることを強調している。

次いで、近衛は康に向かって「又聞く、南清地方有志者の間、不穏の徴候ありと。もしありとせば必ず太后の処置に服せざるの徒なるべし」と述べ、革命派の動向に懸念を示している。これは、暗に康と彼らの関係を問うたものと推測されるが、来日直後に孫文との面会を拒絶していた康としては、「皇帝にあらずして改革は勿論、国の成立覚束なし」と答え、日本の支援を訴えるのは当然のことであった（同前）。しかし、近衛は決して言質を与えなかった。それは、前述したように政変以前から中国国内での彼の不評を伝える情報が寄せられていたためであろう。

近衛は変法派が唱える光緒帝復位の主張については理解を示しながらも、その実現が決して容易ではないと考えていた。一一月二七日の日記では、これまで西洋列強のアジア侵略が各国の王朝内部の勢力の変動をもたらしてきたとし、今回の中国の政変も同様であるとは、軽率な行動を採るべきではないとしている。そして近衛は、今や列強諸国が互いに隙を窺っている状況であるため、対応には慎重さが求められるとした上で、「今日が其時期なるや否やは今少しく考へざるべからず」としたのである。

政界各人の多様な対応

当時、康有為は日本の各界の様々な人と接触を試み、清朝内の守旧派との闘いに対する支援を訴えていた。一一月一八日、康は勝海舟を訪問している。勝は幕末以来、西洋列強に対抗すべく日本と中国・朝鮮の連帯を主張していた人物で、明治に入ってからは興亜会の有力な支援者となっており、康が彼を訪ねたのは故なしとしない。しかし、この時、勝は康の唱える改革論を急進主義として斥けている。また、勝は次のように述べる。「康も梁もエライ学者だが、政治家ではないよ。日本に倣って立憲政体を布き、日本の援助によって改革を謀ると云ったから、大層怒鳴ってやったよ。[中略] 外国の力を借りて自国の改革を行ふなどゝは以ての外だ」(勝海舟全集刊行会『海舟全集』)。旧東亜会系の人々を除いて、アジア主義者の中でも康有為支持者は少なかったことが理解される。

一一月三〇日付の外務省資料には、康有為の支援の訴えに対する政界要路の人々の反応ぶりが以下のように記されている。

伊藤侯の如きは康の年壮気鋭軽率短慮にして事を与《とも》にするに足らざることを看破したるにや、善ひ加減にあしらい置き、其の意見を容れざるより、［中略］康は犬養等に介し大隈伯に謁し、具《つぶ》さに述ぶるに同一の事を以てしたるに、伯は失敗に失敗を重ね到底力を内治に攄《の》ぶる能はず、去りとて功名的野心は抑へて制する能はざることを嘆ずるの折柄なれば、一も二もなく之に同情を表したりとは多少形迹ある事実なるが如し。

（「清国亡命者ノ挙動ニ付キ」）

以上の文章から、伊藤の淡白な対応ぶりに比べて、大隈が中国変法派の保護に比較的に熱心だったことが理解される。また、梁啓超の日本亡命に関わった外交官の林権助によれば、梁はもともと伊藤が面倒を見るはずだったが、まもなく大隈がその世話役を自ら買って出たという。そのため、康・梁ともに大隈が面倒を見ることになったが、伊藤はあっさりした態度だったということである（林『わが七十年を語る』）。

李鴻章
〔©Wikimedia Commons〕

康有為の国外退去

一二月に入ると、外務省の中に康有為らを国外に退去させようという意見が強くなってくる。外務省は政変時に中国にいた伊藤を通じて、日本による康有為らの保護が日中の外交上に支障を来すだろうという李鴻章《りこうしょう》の警告を知らされていた。さらには、張之洞が外交ルートを通じて康有為らの追放を求めてきた。これに対して青木外相は、国際的慣行に則れば彼らの国外追放は不可能だが、できるだけの努力をする旨を伝えていた（「張之洞ニ対スル回答振ニ関スル件」）。

これと前後して、陸軍の中にも「親支政策」のために康有為と梁啓超を退去させようという意見が出てくる。しかし、彼らを出て行かせるには相応の資金を与えなければならないが、陸軍にはそれだけの準備がなかった。そのため、外務省の機密費から捻出させるということになったのである。

このような状況の中で、変法派と人脈を持つ外交官の楢原陳政《のぶまさ》は一八日に梁啓超と会い、

「清国亡命者の保護も充分ならざれば、日本帝国の版図内に居る事は甚だ危険なるに依り、一日も早く米国に向け出発する方が得策なるべし」という日本政府の勧告を伝え、必要とあらば資金三〇〇〇円を提供しようと述べていた（「清国亡命者ニ関スル報」）。そして、楢原は二二日に近衛を訪ね、「康有為の滞留は日本外交の為面白からざれば可成《なるべく》他国へ赴かしめる様致したし」と伝えている。近衛は日本政府の大勢が康有為の退去に傾いていることを認識することになった。

以上のような状況に加えて、近衛の周囲からも康有為の日本滞在が好ましくないとの意見が寄せられるようになる。とりわけ、白岩からは、康らによる国内向け宣伝活動が常軌を逸したものであること、そしてこれが劉坤一、張之洞といった地方官僚に対日不信感を与えている旨が伝えられると、近衛は一二月三一日の日記に「康有為等保護の我国に不利なる事我意を得たり」と記すに至った。そして、一八九九年一月一九日には梁啓超と面談し、「康有為の日本にあるは、今日両国の交際を保つの障害となるのみならず、康の志も容易に達すべしとも思はれず、宜しく欧米を漫遊すべし。余も康に勧説すべけれ共、梁よりも説くべしと勧め」たのである（日記・二）。

この後、外務当局と近衛らとの協議が何度か繰り返された。その過程で、康有為の渡航先がアメリカとなることが決定した。一八九九年三月一五日には、近衛の自宅で都筑馨六《つづきけいろく》外務次官と康有為渡米の件を打合せた。康は翌週二二日のバンクーバー行の日本汽船で出発することが決定し、旅費として外務省機密費を近衛の手から渡すこととなった。金額は五三〇〇円で、一三〇〇円は小切手で渡し、残り四〇〇〇円はバンクーバーの領事に送り、現地で手渡すこととした。翌日の日記によれば、康の渡米については、犬養と大隈は異論があったようだ。彼らとしては、この後も日本で保護しておくべきだとの考えだったのだろう。

康有為は二一日に近衛に離別の挨拶に赴き、翌日横浜から和泉丸でバンクーバーに向けて出航した。しかし康有為としては、決してこれをもって簡単に近衛との連携を諦めたわけではない。康有為を始めとする変法派の人々は、もし近衛が中国を訪れて光緒帝を支持する発言でもすれば事態は一変するだろうと考えており、彼に対する期待感は依然として高いものがあったのである。

それでは何故、近衛は康有為らとの連携を絶つに至ったのであろうか。その理由としては、第一に同人種同盟論の実質的破棄と支那保全論の確定が挙げられる。近衛は支那保全論を東亜同文会の綱領として確定させていたのであるが、これを簡単にいえば、諸勢力角逐の場である中国において、西洋対アジアという単純な枠組みではなく、日本が中国での利権獲得の一員としての地位を占め得るように、清朝政権を維持しつつ各国の勢力均衡を保とうとする議論であった。この意味において、近衛の同人種同盟論から支那保全論への転換は、白人種を駆逐する意味は持たないものの、アジア・モンロー主義の基本線を維持するものであったのである。

第二の要因としては、南方の政治指導者への関心の高まりが挙げられる。東亜同文会はもともと中国の南方を中心として活動していたことから、華中の政治家との結びつきを重視することは当然のことであった。湖広総督張之洞、両江総督劉坤一らは、一八九七年末の日本陸軍の神尾光臣《みつおみ》、宇都宮太郎の熱心な誘いによって親日に転じており（王樹槐『外人与戊戌変法』）、当時においては彼らと提携することも一つの選択肢として浮かび上がっていたのである。

近衛周辺の人物で、張之洞と劉坤一に最初に接触したのは上海総領事代理の職にあった小田切万寿之助《おだぎりますのすけ》であった。彼は一八九八年末に張のもとを訪れ、孫の張厚琨《こうこん》を学習院に留学させる運びとなっていた。張はこれに加えて士官見習二〇名を、また劉は十数名の法律、工芸の学生を派遣したいとの考えであったという。こうした接触がきっかけとなって、近衛は南方の指導者との関係を深めて行くことになるのである。

四　海外視察の旅――新たな人脈形成――

七ヵ月余の視察に出る

近衛篤麿には、しばしば外交界への転出の誘いがあった。一八九八（明治三一）年七月一三日、大隈重信が来訪して、徳大寺侍従長からの下問として外交の分野に転出する意志はないかと尋ねられた。これに対して近衛は、「将来外交の事に常に留意致すべし。乍去《さりながら》学習院の事業は事半途にして止むること能はず」としつつも、「但し、一時を限りて派遣せられ候事抔《など》は決して辞するの意には無之《これなく》、当分海外に在勤致し候事を避け度《たく》思ひ候」と答えた。これは、実質的に海外視察の願いであったといえよう。

近衛の海外視察が認可されるのは九月一日のことであった。当日、徳大寺侍従長から参内を命じられ、天皇の沙汰が示された。それによれば、「大隈首相より上申の次第ありて、明年三月比《ころ》より欧米各洲へ差遣《さしつか》はされ度、其期限は凡そ十ヶ月とし、貴族院、学習院共に不在中其任を解き、帰朝後復任する事に致」すとのことであった。これに応えて近衛は、視察期間は長ければ長いほど良いが、学習院改革に支障を来さぬように「先十ヶ月乃至一ヶ年にて十分」であると述べた（日記・二）。

視察旅行の費用については、近衛と宮内省との間で若干の齟齬があったが、近衛の要求が通って三万円が支給されることとなった。また、海外視察に先立ち、天皇から近衛に調査事項が指示された。それは、ロシアにおける貴族学校の状況、ドイツの外交、そしてヨーロッパの君主制国家における王室と国民の関係について調査せよというものであった（工藤、前掲）。近衛にとっては、そのような任務も重要ではあったが、後に見るように彼が重視していたのは中国訪問であった。

近衛が横浜をアメリカ船コプチック号で出航したのは、一八九九（明治三二）年四月一日のことであった。この日に向けて、近衛は前述したように東亜同文会の運営体制を確立させ、中国変法派の康有為の処遇に決着をつけなければならなかったのである。彼の日記を見れば、当時は極めて多忙な毎日を送っていたことが分かる。これから七ヵ月余りの近衛は、些か余裕のある日々を過ごすことになる。出発の日、近衛は次のような歌を詠んでいる。

故郷《ふるさと》の花を見すてゝゆくわれを　こゝろなしとや人のいふらん
永からぬ旅にしあれど古里を　はなるとおもへばかなしかりけり

しかし、歌に現れた言葉とは違って、近衛の心は意外と晴々としていたのではないだろうか。様々な用件を同時並行的に処理していたそれまでの日々からすれば、そのように推測することも可能だろう。なお、近衛に随伴したのは大内暢三と小原駩吉《おはらせんきち》の二人であった。

最初に立ち寄ったハワイは一日だけの滞在だったが、市内の視察や同地の日本人との会談は、ここが地政学的に重要地点となることを認識させるものがあった。ワシントンでは、先に離日した康有為が無事にバンクーバーに到着し、近衛から託された資金が彼に渡されたことを確認した。ロンドン滞在中の五月一一日にはジャパン・ソサエティーで、日本の近代化の問題点について公演を行っている。ドイツには約一ヵ月滞在し、ベルリンでは弟の鶴松や学習院から派遣された教授らと会い、かつて青年時代に学んだライプツィヒ大学を訪問するなどした。その後、ロシアではペテルスブルグの貴族学校を視察するなどし、トルコでは国賓待遇を受けスルタンと会見を行っている。九月一日にはウイーンに到着し、議会や貴族学校を視察した。そして、一一日にマルセイユ港を発してアジアへと向かったのである。

一〇月一日、近衛を乗せた船はシンガポールに到着した。すると、東京で面識があった中国変法派の徐勤が近衛に接触を図ってきた。徐は横浜大同学校の資金集めのためここに来ていたのである。近衛は「是より北京に赴かんとするに、盛んに広東人の歓迎を受くる事は、今日の状況に於て却て迷惑」として面会を拒否した。こうした姿勢は、康有為切捨ての延長上にあったことはいうまでもない。また、香港に到着した同月一三日には、東亜同文会広東支部長の高橋謙から、同地の革命派と保皇派の人物が面会を求めていること

譚鍾麟
〔@Wikiwand〕

を知らされた。しかし近衛は、自身の影響力を彼らの宣伝に利用されたくないことなどを理由に、これを拒否している。

　近衛らは一四日にマカオに移り、東亜同文会から派遣されている留学生と歓談するなどし、一六日に広州に入った。翌日、両広総督譚鍾麟《たんしょうりん》と面談したが、近衛は彼を「庸愚の老物、特に記すべきなし」と日記で酷評している。日記には会談の内容は書かれていないため、いかなる点が気に入らなかったのかは不明だが、彼が近衛の求める水準に及ばなかったことは事実だろう。翌日は、譚が近衛の宿泊するホテルを訪れて会談しているが、近衛の日記の短く単調な記述からすれば、それが内容のある会談であったとは考えられない。加えて、譚に随行する兵士の行列の様を「頗る不規律、不整頓」と評していることからも、近衛の抱いた印象の悪さを窺うことができる。

劉坤一、張之洞との会見

近衛一行は一旦香港に戻った後、一〇月二一日に同所を発ち二五日に上海に到着した。上海では同地の最高学府である南洋公学の見学や、東亜同文会支部の歓迎会に出席するなどし、二九日に南京に移動した。近衛はこの日の夕刻、総理衙門に赴き劉坤一と面談した。この時の会談内容は日記にまとめられているが、その書きぶりには広州での会談とは雲泥の差があり、近衛の劉に期待するところが極めて高かったことが窺える。会談は白岩龍平の通訳で行われた。冒頭、劉から「(近衛の)来遊を喜こぶ《ママ》旨、並に日清両国の交情日に月に親密に赴くを喜こぶの挨拶あり、又日本が近年支那を教導するの厚意を深謝する」言葉があった。

これに応じて近衛は、両国人士の公私にわたる交流が一層深まることが必要だとし、日本は中国に官民の区別なく協力する考えであることを述べ、こうした考えは決して通り一遍の義侠心から生じたものではなく、中国の盛衰が日本に密接に関係があるためだとし、ヨーロッパ列強のように野心からする甘言とは全く異なるものであるとした。劉はこれに同意し、「到底日清は協同して事を為さゞる可からず」と応じた。そして、かつてロシアの脅威があるにもかかわらず、琉球問題で清朝政府が日本との関係を悪化させたことは誤りであったと述べた。

このように、劉坤一は明確に反露・親日の姿勢を示したのである。これに近衛が好感を抱いたことは疑いない。近衛はさらに東亜同文会の趣旨を述べ、いずれ南京にも学校を設けたいと考えているので、その時は相当の便宜を図ってもらいたいと述べた。すると劉は「同会の事は既に聞知して貴邦の好意に感じ居れり、学校を南京に設けらるゝ事の如きは、及ぶ丈の便宜を与ふべし」と答えている。何気ない会話のように見えるが、東亜同文書院の種子はこの時に蒔かれたのである。他方、劉坤一も近衛との会談に好印象を持ったと思われる。すなわち、翌年一月の書簡では、近衛を「東亜の偉人」と称え、東亜同文会の趣旨についても賛同の意を示し、日中韓の同盟が完成すれば「内衅《ないきん》（内輪揉めの意――引用者註）生ぜず、外侮共に禦《ふせ》ぎ、亜東の大局盤石よりも安く、苞桑よりも固し」と述べているのである（劉坤一「同文会主意書書後」）。

次いで一一月四日、漢口に移動していた近衛は張之洞と面会した。まず、近衛は張に教育改革のために教育関係者の日本視察を勧めると、張は大いにこれに賛同し「これかならず然らん」と応じた。前年に『勧学篇』を書いていた張にとっては、それはまさに自らの政策に適うことであったのである。しかし、話題が政治問題に転じると、張は康有為らを強く批判し、日本政府が彼を追放したことに感謝する旨を述べた。そして、張は「康一派の罪状を指摘して熱心に論じ、是れ国を売り君を欺くの奸賊なり」と断言し、さらに日本に留まっている梁啓超の追放を求めた。これに対して、近衛は張の安直な要望には簡単には応じられない旨を答えた。続いて、孫文についての印象を問うと、張は「是れ鼠賊のみ、歯牙にかくるに足らず」と答えた。このことについて近衛は、革命派の影響が「広東より甚だしきは湖南、湖北に迄及びて跳梁跋扈する事は、知らざるものゝ如し」と皮肉を込めて記している。

以上のようなやり取りの結果、近衛は張之洞の姿勢が、梁啓超追放の要求という事実を手土産として西太后に取り入ろうとするものではないかと考え、その性格に大きな疑いを持つに至った。彼は張を、「劉坤一と比して、其識見の下る事数等なるは明らかなり」と記している（日記・二）。しかし、このような人物評価にもかかわらず、近衛は張との関係を深めていくことになる。それは、彼に実利優先の考えがあったためであろうし、また張の孫が学習院に留学していたという事情も関係していたであろう。

海外視察の印象

帰国後の近衛は、いくつかの場において海外視察での印象を述べている。彼はヨーロッパ諸国の日本に対する評価が、日清戦争での勝利を経て大きく変化したという。しかし、それは彼らがアジアで自由に行動するためには、日本の機嫌を損ねてはならないと考えるようになったということを意味する。換言すれば、彼らは日本を「中々馬鹿にならぬ国」になったと見ているに過ぎず、そこには日本人を尊敬するという気持ちは窺えないというのである（「近衛公爵の談話」）。近衛によれば、日本は行政、教育、実業の各方面で遥かに遅れを取っており、まだ列強に肩を並べたとはいえるものではなかった。

それでは、海外に居住する日本人に対する評価はどうか。近衛はアメリカでの日本人の社会的信用度が低いと述べている。当時はまだ際立った問題とはなっていなかったが、近衛は日本人排斥の理由の一つには、日本人自身が下劣な行動をすることで「人に軽蔑されるといふやうな種を蒔いて居る」ことがあるとしている。ヨーロッパに行くと日本人労働者の数は減り、外交官や商社員、留学生が主であるため評判は悪くはなかった。そして中国へ行くと日本人の信用度は高く感じられた。近衛は、「在朝の人も、在野の人も非常に日本人に親しむ傾がある。即ち同文同種の国であるとか、風俗が似て居るとか、何とか云ふことを言って頻りに親しむ傾がある」と述べているのである（「欧米及び支那に於ける観察」）。

このように、近衛は中国に渡ることで、欧米諸国では感じられなかった日本人への親近感を覚えたとしている。しかし、日清戦争終結から四年経っていたとはいえ、中国人の反日意識が既に低下していたとは考えにくい。そうだとすれば、近衛の上記の発言は主観に基づいたものといえるかもしれない。しかし、そうであったとしても、日中提携を唱えて東亜同文会を立ち上げた近衛としては、公衆の面前においてはそのように唱えることが必要だったのであろう。

以上、本節においては近衛の海外視察の経過を見てきた。宮内省からの要請はヨーロッパ諸国に関する調査であったが、彼個人としては最後に訪れた中国において大きな収穫を得ることができた。近衛は中国南方の指導者たちとの関係を構築することができたのである。彼は、この時できた人的関係を基に、この後の義和団事件、そしてその過程で起きた東南互保に対処することになるのである。

付　東亜同文書院の創設

学校設立計画の進展

近衛篤麿が海外視察を終えて長崎に到着したのは、一八九九（明治三二）年一一月二〇日のことだった。二二日には神戸に入港した後に京都に移ったが、ここで近衛は数名の人物と面会している。その中の一人に根津一《ねづはじめ》がいた。この時の根津との接触が、後の東亜同文書院の設立につながることになるのである。

根津一は甲斐の人で、一八六〇（万延元）年六月二〇日生まれの陸軍軍人である。士官学校時代に荒尾精を知り、中国問題に関心を持つようになった。八七年に参謀本部付となった後、荒尾による上海の日清貿易研究所に予備役として参加することが許され、同研究所の運営と教育活動に当った。日清戦争直前の九四年七月、参謀本部に復職し、中国情勢の視察のために派遣され、一旦帰国した後には司令官となって戦地に赴き戦争の指導に当った。そして、戦後は現役を離れて京都に移り隠棲生活に入っていた。その彼を再び現実社会に引き寄せたのが近衛であった。

近衛は一〇月二九日の劉坤一との会談の後、何らかの形で根津と連絡を取り、京都到着の日に彼と会う予定を立てていたものと推測される。根津の年譜には、「支那に大規模の学校を設立するの急務と方法の大略とに関し京都にて近衛公と会ふ」と記されており（東亜同文書院滬友同窓会『山洲根津先生伝』）、学校設立が両者の会談の主要なテーマとなっていたことが窺える。京都滞在中の二日間、近衛は帰国歓迎会や歓楽などに時間を取られたため、根津との会談にどの程度の時間を割けたのかは分からない。しかし、近衛は根津との会談に好印象を抱いたことだろう。この後、東亜同文会による中国での学校建設の計画

根津一
〔出典：『山洲根津先生傳』〕

東亜同文書院〔©Wikimedia Commons〕

は急進展を見ることになる。

　近衛が帰国する前の九月、東亜同文会は佐々木四方志《よもし》幹事を上海に派遣した。おそらく、一一月に入ってから近衛と劉坤一との会談の情報が、彼に届いたものと推測される。そこで、佐々木は一二月に南京に移動し、上海領事の小田切万寿之助の支援を受けながら、南京の関係当局と学校開設の折衝をおこない、儀鳳門の東にある寺院妙相庵を校舎として借り受けることとなった。既に上海にいた留学生のうち、新聞発行に携わる二人を除く四名は南京に移ることとなった。教員は本部から山田良政ら三名が派遣されることとなる。近衛は一二月二七日、長岡護美と連名で各府県の知事と府県会議長に宛てて派遣学生推薦の依頼書を送っており、その文面からは人材育成にかける熱意を感じ取ることができる。

一九〇〇（明治三三）年五月二一日、南京同文書院が設立された。当初、院長には佐藤正（元陸軍少将）が予定されていたが辞退されたため、急遽根津一が東亜同文会に入会して評議員に加えられ、院長に就任することとなった。佐藤の就任辞退の理由は病気のためとされているが、参謀本部から強い異論があったためだともいわれている。

東亜同文書院の開校

東亜同文会は一九〇〇年四月三〇日、東京の華族会館で南京同文書院第一期生の入学式を行った。近衛はこの時の訓示の中で書院設立の趣旨を述べると共に、学生の心構えとして「第一に中道に学を廃するがごとき薄志弱行なかるべきこと、第二に日本人としての名誉を失墜せざること、第三に客気に駆られて無謀の挙なきこと、第四に衛生に注意し身体を害せざること」などを訓示した。また、根津院長は学生を東京に招集した意味を説明し、精神教育に関する明快な教訓を述べた（大学史編纂委員会『東亜同文書院大学史』）。

第一期の入学者数は以前から中国にいた学生を含めて二三名であった。しかし、教員の確保が間に合わず、十分な教育を行うことができなかったという。加えて、義和団事件の影響が長江一帯にまで及ぶ危険性が生じ、劉坤一の避難勧告もあったため、南京同文書院は八月に上海に移転した。一九〇一年三月二〇日付の「上海の南京同文書院」という文書には次のようにある。「東亜同文会の設立に成れる上海の南京同文書院は、今回教場、寄宿舎、其他諸般の設備完備したるにより、来月十日東京に於て入学志願者の試験を行ひたる上、同会幹事長根津一氏之を引率して渡清する筈にて、右生徒候補者は目下八拾余名あり」（日記・四）。そして五月二六日、名称を東亜同文書院と改め、ここに再出発することになる。当日の開業式では、根津の教育勅語奉読に始まり、近衛の祝文などが読み上げられたほか、劉坤一の祝辞、張之洞の祝電などが代読されている（東亜文化研究所、前掲）。

それでは、東亜同文書院はいかなる性格の学校であったのか。竹内好は、院長の根津が荒尾精と同様、貿易立国論者であったことから、これと近衛の教育立国論と合体したものが東亜同文会であり東亜同文書院だったとしている（竹内「東亜同文書院と東亜同文会」）。また、栗田尚弥が指摘するように、同校の性格は基本的にビジネス・スクールであり、それが目指したものは、日本と中国を経済において結びつける日中の人材、特に経済人を養成することにあり、日中提携の基礎を築くことにあったということができる（栗田「引き裂かれたアイデンティティ」）。

興学要旨と立教綱領

しかし、「支那保全」を綱領に掲げる東亜同文会を経営母体とする東亜同文書院が、政治的・思想的に無色透明なビジネス・スクールであるはずはなかった。そこには、東亜同文会固有の対外観が濃厚な形で付与されていたことはいうまでもない。そのことは根津が書いた「南京同文書院漢文綱領」にある「興学要旨」と「立教綱領」に明確に表れている。「興学要旨」の冒頭には次のようにある。

> 中外の実学を講じ、日清の英才を育つ。一には以て清国富強の基を樹て、一には以て日清輯協の根を固む。期する所は清国を保全し、東亜久安の策を定め、宇内永和の計を立つるに在り。
>
> （東亜文化研究所、前掲）

ここでは、東亜同文会の綱領である「支那保全」が前面に打ち出され、それを前提にした日中提携に基づくアジアの安定と世界平和の希求が提示されている。その状況認識によれば、中国は内政・外交ともに危機状況にある。中国が未だ分割されずにいるのは、たまたま列強の勢力均衡が保たれているからに過ぎない。この先、分割を免れるためには、何よりも日中の提携と、その前提として中国の富強化が必要である。

「興学要旨」では、富国強兵の道は多様だが、学校を興し人材を養うことが近道であるという。なぜなら、「国の富強は民の智徳を以て本と為し、民の智徳は士大夫の智徳を以て準と為」すからである。東亜同文書院の建学の理由はここにあった。

それでは、いかなる教育によって人材を育成するのか。端的にいえば、それは儒教精神と西洋の近代科学の兼修によってである。「孔孟仁義の教え」は、日中両国に共通するものであり、そこには何の隔たりもない。ただ、西洋近代科学受容の面では日本が中国に先行しているが、この東亜同文書院の創設を機に、教育面での両国の協力が進めば、中国各地に学校を興し、東亜に有為な人材を育成することができるとされた。

このように、東亜同文書院は興亜主義を掲げる教育機関たることを宣言した。これに先行する教育機関としては、東洋学館と日清貿易研究所があったが、東亜同文書院がそれらと比べて特徴的であった点は、中国の伝統文化に対して強い崇敬の念を懐いていたことである。「興学要旨」では、これまで日本は常に中国文化の教えを受けてきたため、日本人はその恩恵に報いる必要があるとまで述べている。

東亜同文書院の教育方針において、最も注目すべきことは儒家の経典を介して道徳教育を重んじたことであった。「立教綱領」の冒頭では、「徳教を経と為し、聖経賢伝に拠りて之を施し、智育を緯と為し」、「期する所は各自に通達強立し、国家有用の士、当世必需の才と成るに在り」と記されている。国家有用の人材であるには「尽忠報国」の大義を明らかにして、「利用厚生」すなわち日常生活の向上の実務に通じつつ、国際情勢を知り経世の術に長けていることが必要であった。執筆者である根津は、日本社会が西洋伝来の近代的知識を優先するあまり、儒家思想を顧みない風潮に不満を感じていたと見られる。それゆえ、「本書院は、首《ま》ず経学の科を設けて、先聖先儒の大道を講明し、以て窮理、正心、修己、治人の本と為す」と明記されたのである。

以上のことから総合していえることは、東亜同文書院の建学の精神は、「支那保全論」

を基礎として列強と対抗する中で、日中の経済活動を担う人材の養成を目指している点では近衛の方針に沿ったものであった。他方、儒教を教育の前面に押し出していることは、根津の思想傾向が強く反映したものといえるだろう。その意味では、東亜同文書院の思想は、近衛よりも根津との関連で検討される必要があるので、ここではこれ以上を論じることは控えることにしたい。

東亜同文書院はこの後、一九二一（大正一〇）年七月には正規の専門学校となり、三九（昭和一四）年一二月には大学令によって四年制の大学となった。しかし、四五年の日本の敗戦により中国政府に学校施設を接収され、翌年教職員・学生の引き揚げをもって閉学するに至る。卒業生は四九〇〇余名に達した。また東亜同文会は一八九九（明治三二）年一一月、中国人留学生の教育のために東京牛込に東京同文書院を設立している（後、神田に移転）。同校の卒業生は東京専門学校（現在の早稲田大学）や農科大学（現在の東京大学農学部）などに入学している（「東京同文書院開院式」）。

第五章　東南互保から満洲問題へ

一　義和団事件と東南互保

義和団事件への対応策

一八九九（明治三二）年、山東省で反キリスト教運動を展開していた義和団は、巡撫となった袁世凱《えんせいがい》によって一旦は大きな弾圧を被ったが、翌年には直隷省（現在の河北省）へと勢力を広げ、六月一〇日には北京入城を果たした。同月一四日、東亜同文会漢口支部の会員から近衛篤麿のもとに義和団に関する情報が寄せられた。それによると、長江一帯でも混乱が広まっており、近い将来に南方に波及することは必至の情勢にあるが、彼らを鎮圧することは極めて困難なので、日本としては派兵するなどといった「馬鹿な骨折り」をすべきではないとされていた（日記・三）。東亜同文会にとっては、中国の支部から寄せられる情報が、情況への対応のための素材となっていく。

東亜同文会は原則として「支那保全」を掲げながらも、会員の中には積極的な介入を主張する者もいた。江藤新作は近衛宛の六月一六日付の書簡では、このままの形勢では列強が中国に介入して分割占領することは必至であるとして、東亜同文会としては大いに国論を喚起して政府当局者に迫るべき旨を述べている。これに対し、会長である近衛は公式の場では慎重な姿勢を見せていた。それは一八日に開かれた東邦協会の評議会での発言に現れている。同会は、義和団事件に対処するため、日本政府は各国と協力して出兵すべき旨の決議案を用意していた。しかし近衛は、「一己人として如此《かくのごとき》会に出席するは憚らざれ共、同文会を代表して首唱者となる事は今より明言しがたし」と述べていたのである。

当時、東亜同文会の会員の中には、義和団事件の混乱に乗じて南方の革命派に参加する者も見られた。近衛の六月二三日の日記には、「日本人中血気の輩数名踪跡を失せり。察するに南清地方に於て、孫文一輩と事を共にするにやあらん」とある。近衛はその人物として福本誠、清藤《きよふじ》幸七郎、宮崎滔天、平山周の名前を挙げている。しかし彼らの活動は、外国人の容喙の口実を与えるに過ぎず、中国の将来のためには慎重な態度を取ることが必要であるため、「日本人にして、殊に同文会員中、これを煽動せんとするものありとせば、百方これを止むるの策を講ぜざる可らず」とされていたのである。

東亜同文会は六月一九日に幹事会を開き、佐藤正によって義和団事件に対処すべき「概略の意見」が六項目にまとめられた。それは以下のようなものである。

一、此際に於て支那保全主義を益々鮮明ならしむると同時に、南部の人心を収攬するに勉むる事。

二、若し南部に起りたる匪徒の攘夷主義なる時は、新聞其他の方法を以て之を非攘夷的に導き、之に兵力を加ふることを避くべき事。

三、北京政府滅亡するか、若くは統治の権能を喪失したる場合に於ては、大陸の平和を克服する為め、列国に率先して南方適当の地に新政府を樹立する事。

若し列国に於て沿岸分割を行ふ時は、前項の目的を達する為め我国に利便なる地域を占領すること。

四、清国官兵の抵抗に対しては、列国に優るの兵力強圧を加ふる事。

但団匪の剿討は、列国連合上止むを得ざる場合の外、之に当らざる事。

五、列国中の或る一二国が支那蚕食の目的を以て或る行動を開始したる時は、直に朝鮮を占領する事。

六、若し北京政府偏在し、列国更に政治的勢力範囲を定むる時は、列国と同一ならざる目的を以て成るべく大なる区域を占領すべき事。

上記六項目は翌二〇日の評議員会で審議されたが、近衛の記すところによれば、「議論紛々の末、同案第一、第二、及び支那政府の改良を期する事といふ一条を加へて本会の大方針とし、各支部に示して、新聞に口に其趣旨を清人に吹込ましむる事」となった。二三日に発表された公式の文章は以下のようなものである。

一、此際に於て支那保全主義を益々鮮明ならしむると同時に、人心収攬に努むること。

二、若し南部に起りたる匪徒の攘夷主義なるときは、新聞其他の方法を以て之を非攘夷的に導き、直ちに兵力を加ふる事を避くべき事。

三、今日までの場合に於ては先づ右二項の方針を以て持重の態度を採り、若し今後形勢の変態を来たすしきには本部の臨機応変の方針を示す事。（同前所収）

ここから、一九日に提示された佐藤の意見は大幅に後退させられたことが分かる。近衛が述べた「支那政府の改良を期する事」は含まれていないが、当面の活動は東亜同文会の綱領である「支那保全」などに限られることとなった。近衛はこのような対処案の変更についての見解を示していないが、この後に国民同盟会の結成に向かうことからすれば、少しく不満を感じていたものと推測される。

東南互保への対応

義和団事件に対する近衛の姿勢は六月下旬から大きく変化し、積極的な関与を主張するようになる。それは、劉坤一、張之洞らが盛宣懐の主張に沿って「東南互保」の方針を採るようになったためである。東南互保とは義和団事件の過程で、南方諸省が北京政府の意向に背き、列強諸国との妥協を優先して開戦を拒んだ事件をいう。その流れは大略以下のようなものである。

六月二一日、清朝政府は列強諸国に宣戦布告を行ったが、盛宣懐は劉・張に呼びかけて相互連絡を密にして、管轄地域の秩序維持・列国との和平に務めることを確認していた。そして盛は、各国領事団との間に入って交渉の下地作りを始め、二三日までに上海の各国領事館に対して、南方全体を中立地として、外国人の生命の安全を確保するという方策を示し、翌日には劉と張に対し、各国領事との間で、上海租界は各国が、長江一帯は各省督撫がそれぞれ保護し、それによって外国人の生命財産を守ることを確約させた。

この過程において、東亜同文会会員で上海領事の小田切万寿之助も劉と張に各国領事との会議開催を促す旨を打電していた。劉と張はこれに応じ、二六日の会議で基本線での合意を見た上で、二七日には、「両広総督及湖広総督の委任者は、各国領事に対して両総督管轄地方の秩序を保つことに同意し、又各国領事は委任者に対して両総督の秩序を保つ間は敢て干預せざることに同意」した（「劉・張両総督ト各国領事トノ秩序維持協定始末報告ノ件」。ここに、東南互保は確定したのである。

日本の外務当局は、南方の政治家たちが清朝の列強への宣戦布告を端郡王載漪《さいい》による捏造と見なし、北京政府に従わないことは確実であると見ていた（「南清秩序維持及匪徒剿定ニ関スル各督撫ノ連署上奏並張総督ノ態度ニ付報告ノ件」）。そして、以上のような動向の中で、東亜同文会は南方政治家たちへの働きかけを始めたのである。

現地において活動に当ったのは宗方《むなかた》小《こ》太郎《たろう》であった。彼は東亜同文会に宛てた書簡で次のように述べていた。「支那事件も大問題となるべく、予等同志は汪康年《おうこうねん》を密使とし、劉坤一、張之洞に説き、其の版図に割拠し、都を武昌に移さんことを計画中なり」（「東邦協会ノ態度」）。

汪康年
〔©Wikimedia Commons〕

汪康年は変法運動に参加した経歴を持つが、康有為・梁啓超とは一線を画す姿勢を採っており、張之洞とつながりを持つ人物であった。宗方の汪への工作は明らかに新政府樹立に向かおうとするものであって、ひいては南方の独立を画策するものでもあった。

それでは、近衛の対応はどのようなものであったろうか。彼は六月三〇日の日記において、日本軍当局が張之洞に比して劉坤一との関係が浅いことから、自分たちが劉との仲介になることを示唆しつつも、南方の新政府樹立案については、「未だ決すべきにあらず、未定に為し置かざる可らず」とする姿勢を示していた。そして、彼はこの時点で日本の速やかな出兵は認めるものの、当時一部にあった分割論を批判して支那保全論を強調した。近衛は分割論に対しては、「如何にも愉快の議論であるが、愉快の議論は往々行はれないもの」だとして批判する。そして、「深く支那の内地に入って支那の官吏を逐払って、外国の官吏が来て其土地を支配することは、如何なる列強国と雖も実際に難からう」と、占領の不可能さを述べているのである（「近衛公の対清談」）。

しかし他方では、近衛も東南互保による南方独立の動きに対応しようとしていた。すなわち、七月五日に張之洞側近で留日学生監督であった銭恂《せんじゅん》が来訪すると、北京の動向に対して南方諸省の総督に結合の意志があるかどうかを質している。この時、銭が「張、劉の結合は近時益々固く、李（鴻章）も亦背くものにはあらざるべし」として、他の者もおそらく同一歩調を取るであろうと答えると、近衛は彼らの結合に当っては東亜同文会もその援助をしたい旨を張に伝言して欲しいと述べていたのである（日記・三）。

近衛が南方関与の方針に強く傾くのは、七月一一日に根津一が策定した「北清変乱に対する支那処分案」に接してからである。それは、日本が採るべき方策を示したもので、（一）現状保全策、（二）聯邦保全策、（三）放任保全策からなるものであった。第一の現状保全策は、日本が列国と歩調を合わせて出兵し、主戦派官僚を排除して賠償を約して講和を結び、現状を一切変更させないというものである。

次の聯邦保全策は、まず李鴻章、劉坤一、張之洞らを連合させ、その管轄下の地域を結んで南部諸省聯邦として、隠然と日本の影響下に置き、そして次第に中西部をこれに加えていって、時機を見てこれを一つにまとめて最終的に保護国とするというものであった。そして最後の放任保全策は、自国の防衛にのみ全力を傾注し、中国の動乱は自然の帰着に任せるというものであった（日記・三）。これらのうち、根津が最も有効であるとするのは聯邦保全策であった。

翌日、近衛は根津と面談し詳しく説明を聞いた結果、南方総督間の結合の必要性を強めるに至った。そして、「其方略としては、可成《なるべく》同文会をして其任に当らしむる事、外国の猜忌心避け得べく適当の処置」が必要であるとした。近衛は根津の「聯邦保全策」を支持したのである。彼は政府に決心を促すべく、この策を総理に伝えるつもりだと日記に書き残している。

この計画で鍵となるのは張之洞と劉坤一の対応であった。しかし、結果としてそれは近衛の期待に沿うものではなかった。宗方が汪康年を介して行った工作は失敗に終わっていたのである。田鍋安之助からの七月一三日付の報告には次のようにある。「(汪康年から)結果を聞くに、張は汪が説を聴て大に驚き、総督の任は只政府の命を承け其管下を鎮すれば足れり、若《も》し斯《かか》る事剛毅《ごうき》(極端な排外主義者として知られる人物——引用者註)等の聴く所とならば禍測る可らずとて、冷淡に待遇致候由」。また、劉坤一も部下からの決起の求めに応じることはなかったと報告されている。

張之洞らの考える東南互保は、清朝からの分離を意味するものではなかった。むしろ、彼らは「西太后及皇帝が其の権力を回収するに至る迄は、縦令《たとい》詔勅と雖も遵奉せざること」という立場にあったのであり(「劉張李三総督ノ矯勅不遵奉決議ノ件」)、ここからすれば東亜同文会側は彼らの行動の方向性を見誤っていたということもできるであろう。結局、近衛が支持する聯邦保全策は、短期間のうちに可能性を失ってしまったのである。

しかし、近衛はこの後も南方政治家との関係維持に務めた。例えば、劉坤一は義和団事件での日本の出兵が分割の野心の現れではないかとの疑念を抱いたが、近衛はこれが日本公使を救出するためのものであって、野心からするものではなかったと回答している。また、近衛は八月に発生した自立軍事件に際して、漢口で逮捕された唐才常《とうさいじょう》の救済嘆願に加わるよう在日変法派の人々から要請されているが、彼はこれに一切応じることはなかった。八月二五日の日記には、変法派の羅孝高《らこうこう》らからの救済依頼に対し、「唐才常救助の電報には大隈、板垣両伯も署名の承諾ありしに付、余にも名を列せよとの事、謝絶」とある。こうした姿勢は、彼が張之洞との関係に配慮してのことであった。

二　国民同盟会と近衛篤麿

無形無名の団体

一九〇〇年七月以降、ロシアが満洲の占領に乗り出したことを契機に、東亜同文会の主たる関心は南方での聯邦構想から北方問題へと移っていく。近衛篤麿はロシアの南下に対処することが急務と考え、九月に国論を喚起すべく国民同盟会を組織するに至る。以下、その過程を追っていくことにしよう。

国民同盟会の出発点は、前節で述べた六月二〇日に開かれた東亜同文会の評議員会の結果にある。当日の議論の詳細は不明だが、前述の提出された六項目案は大幅に後退させられ、東亜同文会の中国に対する積極的な関与に自制が加えられた形となった。このことから、近衛は同会の名において政治運動を行うことは不可能と考えて、別に「無形無名の団体」を作り政府への積極的な働き掛けを行おうと考えるに至ったのである。

「無形無名の団体」が最初に会合を持ったのは七月四日のことであった。この日、星岡茶寮に集まったのは近衛を始め、犬養毅、長谷場《はせば》純孝《すみたか》、栗原亮一、杉浦重剛《じゅうごう》、頭山満《とうやまみつる》、中西正樹、国友重章《くにともしげあき》、柏原文太郎、小川平吉、福田和五郎、山口正一朗、恒屋盛福の一三名で、いずれも対露強硬派の人々であった。会合では、「南方総督、巡撫等を成るべく結合せしむる事、機会に乗じて朝鮮占領の事、北方の事には可成《なるべく》兵を用ひず、我公使以下を救ひ出す事を目的と」することなどが確認されている。この時点では、まだ南方での聯邦構想の失敗は明らかとなっていなかったのである。

そのような中で、ロシアは朝鮮問題をめぐって日本政府に揺さぶりをかけてきた。それは七月一九日、駐日公使イズヴォリスキーが伊藤博文と会見して、朝鮮半島を日露で二分して両国から守備兵を出すというものであった。伊藤と山県首相はこれに賛同し、青木外相が反対して拒絶の意向を示していた。二一日、近衛はこの情報に接すると直ちに行動を開始した。当日の日記には、「余はこれ寸時も踟躕《ちちゅう》（ためらうこと――引用者註）するの時にあらずとし、閣員中の有力者を拒絶論に傾かしむの運動を始むべしと述べ、当邸を其中央本部とし、其一変一動は詳細に余の許に通知せしむる事とす」とあり、同志たちに事情を伝えて運動に加わることを呼びかけた。しかし結局、この問題は新任の加藤高明外相の交渉によって政府の議題とはならなかった。

この後、近衛は側近の者たちと頻繁に会合を持ち、政党関係者とも連携して政府にロシアに対して強硬策を取らせる方策を検討した。そのため、彼らは常に伊藤の言動に注意を払っていた。そして最終的には、伊藤を強硬説に転じさせるため、包囲攻撃するための国民運動の開始が必要となった。

近衛がその決断をしたのは、八月一七日の東亜同文会幹事会においてであった。当日の日記には次のようにある。


（鳥尾小弥太によれば）伊藤は大分強硬の説に傾きたりとの事なりしに、又恒屋は他から聞きたるには伊藤は不相変《あいかわらず》柔軟論にして、夫《それ》が為に内閣にも軟風を防ぐ丈の決心なきなりとの事、［中略］今夕は政党者間の有力者を喚起して伊藤を包囲攻撃し、硬説を吐かしむるの策を取らんと決し、明夕当邸に来集の事とし、佐々、長谷場、柴、頭山、犬養を手を分ちて説かしむる事とす。

近衛はこの日をもって、それまでの「無形無名の団体」から、「公然有形有名の団体を作り、支那保全を目的として国民的運動に着手するに決」したといわれている（国民同盟会『国民同盟会始末』）。

この時より前から、憲政党と伊藤博文との間で新党樹立計画がなされていた。それは九月一五日の立憲政友会の成立へとつながるのだが、八月二四日に同会の宣言書が発表されると、近衛たちはこの新党計画が、義和団事件を契機として「外に傾向する天下の人心をして、強《しい》て内に曲回せしめんと欲するもの」として批判し、「国論を統一し国策を確立する為め、国民的運動に着手するの必要益急を告ぐるに至」ったと考えた（同前）。

国民同盟会の創立

八月三〇日に近衛邸で開かれた東亜同文会幹事会では、今後の国民運動の方針が決定された。それは、国民世論の喚起のために団体を「先輩等の一派、頭山を首領としたる青年者の一派と、新聞同盟の一派」の三つに分けること、そして主張する論点は、（一）「（日本が）北京より撤兵して野心なき事を天下に示す」こと、（二）「朝鮮を独力扶植する事」、

（三）「以上の目的並に支那保全に反する行動ある国に対しては、我国は非常の決意をもって其野心を強圧する事」であった。ただし、（二）に関しては近衛が不同意の姿勢を示したため、同盟会の活動は満洲問題を中心として展開していくことになる。

近衛は翌日、山県首相を官邸に訪問し、「北京撤兵の急務なる事、又清国の事は当分善後処分も六《むつ》かしければ成行にまかせて、露の南下と独の跋扈を制圧するの決心あらん事を切望する旨、又最も好時期なる事を述べた」（日記・三）。「独の跋扈」とはドイツによる膠州湾占領を指している。これに対して山県は、現段階では連合国から離脱することは難しいこと、ドイツと事を構えることは兵力・財力の上からも適当ではないとして拒否している。

近衛たちは九月一日、国民同盟会発起事務所を内幸町の小川平吉宅に置き、一一日には発起準備会を芝三縁亭で開催した。出席者は四〇名余りであった。ここに、国民同盟会の具体的な活動が開始することになる。

近衛は九月一五日の『東京朝日新聞』に「国民同盟会の精神」と題する論説を発表した。ここでは、「支那保全論」が東アジアだけの問題ではなく、世界各国の利益に関わるものであることが指摘されている。しかし、日本人はこの問題について極めて鈍感であるがゆえに、同盟会を組織して世論を警醒し国論の統一に努めているのだという。そして、一部には同盟会を初めから闘争ありきの団体と見なす者が入るが、「余等は東洋否な世界の平和を欲すればこそ、已むを得ず此の最後の決心を以て事に臨まんことを期する」と述べ、ロシアに対抗しようとする強い決意を示している（同前）。

これに対して、成立したばかりの政友会は一八日に、「国民同盟会の行動は外交上国家に不利なるものと認む。故に本会は挙て之に反対す」との決議を上げた。その結果、政友会に籍を置く四〇名の会員は退会を余儀なくされた。近衛らとしては、政友会からのさらなる敵対行動に備えて、組織的防衛の措置を取っておく必要が生じた。そこで、二三日に主要メンバーと協議して以下のような決定をした。それは、「本会は発起人会にて成立すと雖も、一切の組織を為さず、発起人の名義を総て廃す。但し会務は余（近衛を指す――引用者註）に一任する事とす」というもので、組織的性格を曖昧にすることを企図するものであった。

九月二四日、上野精養軒において国民同盟会発起会が開かれた。参加者は近衛を始め一〇三名であった。当日、近衛は以下のような演説を行った。

本会は初より何れの政党政社にも関係なく、会員は皆個人の資格を以て集会する者なれば、政党政派の意思を含入することは本会の可成《なるべく》避けんとする所にて、昨今の新聞紙上には種々の評あれ共、右述ぶる処を以て本会の性質は明瞭なるものと信ず。［中略］其相一致する一点は即ち「支那保全」と云へること是なり。［中略］何故に支那保全を唱ふるかと云ふに、是単に支那を利するのみにあらず、又実に東洋に位する我日本の利益なるが故なり。尚啻《ただ》に日清両国利益のみにあらず、又実に東洋に関係を有する各国の利益なり。

（「国民同盟会発起会における演説」）

また当日は、一一日の準備会で決議されていた「国民同盟会宣言」が正式に採択された。宣言では、連合軍の北京入城によって中国駐在の公使救済という任務を達してより、各国の撤兵の議論が高まり、清朝政府も講和に向けて動き始めているにもかかわらず、ロシアの満洲駐兵は時局安定への大きな障害となっていることを指摘する。そして、このような状況の中で、「一方には列国聯合の初意に従て支那の保全を持し、他方には甲午宣戦の大旨に沿ふて朝鮮の傾頽を扶掖し、以て大局の平和を克復するは我国民の権義」であると訴えている（国民同盟会、前掲）。ここにおいて明らかなように、この時期の「支那保全論」は前年の東亜同文会結成時におけるような曖昧さは消え去り、ロシアという敵を前にした国際戦略となっていることが理解される。

国民同盟会には各方面から批判が浴びせられた。政友会系新聞『日刊人民』(1)はロシアに対して「領土保全」を論じることは礼に失するとした上で、「欧州列国にして保全を唱ふるは可なり、我之を主張せば『畏黄病』の勢焔を助長し、国家を誤るの虞あり」と批判した。また『国民新聞』は同盟会が純然たる政社だとして、それを「排外分子」「黄色人種同盟論者」「進歩・帝国両党の党勢拡張論者」の寄せ集めだとする。そして、同盟会は国民の名を僭称して当局者に圧力をかけ、対外策の名を借りて大博打に出たのだと批判した。さらには、尾崎行雄や星亨といった政友会の政治家も保全論を批判していた（同前）。

『国民新聞』が国民同盟会を黄色人種同盟論者を含むと批判するのは、かつて近衛が「同人種同盟」を唱えたことをいうのだろう。だが、その後の近衛はその主張を唱えることはほとんどなかったことは先に述べたところである。加えて、発起会での宣言において近衛は、同盟会を黄人種同盟論者・白人排斥論者と見なすことを批判して、「此の如きは何を根拠として出で来りし説なるか我輩の思ひも寄らざる所にして、左様の事は宣言書にも少しも表れ居らざるのみならず、我輩同志者の屡々集会して相談したる時にも曾て話頭に上りたる事さへなき也」と述べていたところであった。

国民同盟会の活動

国民同盟会は一一月から全国遊説を開始した。根津一は九州方面に向かい、国友重章は中国より四国に入り、望月龍太郎は山陰方面、安部井磐根《あべいいわね》と寺師宗徳《てらしむねのり》は近畿・東海を、中西正樹は甲信越を遊説して回った。東北に行かなかったのは、同地の人心が既に同盟会に好意的であると判断したためであった。

遊説に加えて、国民同盟会が世論喚起のために重視したのは新聞の利用であった。前述したように、近衛たちは八月三〇日の会合で、「新聞同盟」を作り世論形成の団体にしようと考えていた。そこで三週間後の九月二一日、芝紅葉館に近衛出席のもと、新聞記者有志三〇余名が集まって新聞記者同盟会が結成され、その場で「吾人は国民同盟会の趣意を賛成し、国論の一致を図る為め全国同志記者会を組織す」との決議を上げた。なお、今一つ予定されていた「青年者の一派」は一一月一一日、青年同盟会として成立している（同前）。

一二月二〇日、国民同盟会は新富座で中央大会を開いた。大会の「宣言」では、「吾人の主張と相近き列国聯合の方針は、支那保全に向て略《ほ》ぼ帰一する処あり」と見なし、特に一〇月六日に締結された英独協定（揚子江協定）は国際世論が支那保全に向かっている徴候だと捉え、日頃同盟会に批判的な当局者もこれに賛同の意を表明していることは、「吾人の窃《ひそか》に慶賀するところなり」と述べていた。しかし、西安にいる清朝皇帝の北京帰還もできず、義和団戦争の講和も実現していない状況下では、「特加決議」として、「満洲目下の状態は、支那保全の大計を障礙し、朝鮮に危害を及ぼすの虞ありと認む。依て速かに救済の策を講ずるを要す」と述べざるを得なかった（同前）。

ところで、一〇月一九日に成立した第四次伊藤内閣は、国民同盟会の活動を抑制すべく機会を狙っていた。それは、一九〇一（明治三四）年一月二二日に警視庁からの政社認定となって現れた。これによって、同盟会は治安警察法に基づく取り締まりの対象となり、近衛がこれに参加することは困難となった。治安警察法第五条の規定により、「官立公立私立学校の教員学生生徒」は政社に加入することを禁じられていたからである。

しかし、このような事態は近衛の想定するところであったようだ。すなわち、前年の一〇月五日の会合において、近衛は伊藤内閣が同盟会を政社認定をした場合には、同志たちの社交クラブを組織して、近衛など政社に参加できない人たちがこれを利用して「同盟会を裏面より援助すると同時に、同会を残余の人々にて政社として続くる事」としていたのである（日記・三）。

国民同盟会は不本意ながら一月二三日に政社届を提出し、新たな規則を制定した。当然、この後の近衛と同盟会との関係が注目されるところであったが、彼は公然と会合に参加して憚るところはなかった。近衛は、「学習院長の職も辞せず、貴族院議長の職も辞せず、又政社国民同盟会の名簿に署名せざるも依然として同会に最も深き関係を有すべしと公言した」のであった。

三　ロシアと満洲問題をめぐって

国民同盟会への期待

それでは、中国人政治家は国民同盟会をどう見ていたのだろうか。当時、北京東文学社にいた中島裁之《たつゆき》は一九〇一（明治三四）年二月に李鴻章と粛親王に面会し、国民同盟会の趣旨を説明したことがある。これに対して李は、「同盟会の清国保全論は空言に終らんのみ。［中略］貴国の政府は清国保全に就ては大に反対の意向あるにあらずや」と指摘し、趣旨に同意しなかった（中島「同盟会に対する李鴻章の意見」）。ロシアに傾く李鴻章であれば、これは当然であったといえるかもしれない。一方の粛親王はこれと対照的に「非常に嘉悦の容色あり、同盟会宣言書の訳文を読むに当りては句毎に感歎し」たという（同「同盟会に対する粛親王の見解」）。

他方、在野の改良主義的傾向を持つ人々の中には、国民同盟会に期待するところがあったようだ。前出の汪康年は、東南互保の過程で東亜同文会との接触があり、同盟会の趣旨をも認識していたものと思われる。彼はロシアに対抗するために、同盟会の支援を求めて接近してきた。同年三月一六日、汪は一九九人の連署で近衛篤麿に宛てて露清密約に反対するため協力を求める電報を送っているのである。電文に曰く、「露清密約は東亜の存亡に係る。不肖等極力抗争せんとす。切に祈る、貴会の侠助大局を挽回されんことを」（日記・四）。露清密約と呼ばれるものには複数あるが、この時のものは一九〇一年二月にロシア外相ラムスドルフと駐露公使楊儒《ようじゅ》との間で作成されたものを指している。協定は一二条からなり、ロシアが満洲における中国の軍事・行政権を掌握し、鉄道・鉱山・土地に対する特権を得るという内容であった。

交渉は秘密裏に行われていたが、ロシア側が協定案を二月一六日に提示すると、その協定内容はすぐ外部に漏れ出た。同月二六日には、日本駐露公使小村寿太郎がそれを加藤外相に伝えている。翌日にはイギリスの『タイムズ』紙に記事が掲載された。明らかに、交渉に参加した清朝政府の誰かが、ロシア案を意図的に漏洩することで国際的な支援を得ようとしたのである。おそらく、中国のマスコミもこのことを早くに伝えたであろう。そうだとすれば、汪康年らが反応したのは当然であった。

汪康年は近衛を始め犬養、伊藤ら七名に宛てて、旧暦一月四日付の書簡を送っている。近衛の手元に着いたのは三月二二日のことであった。この書簡は主に中国の改革案を論じたものだが、汪は現状について述べた部分で、前年一一月に増祺《ぞうき》がロシアと九ヵ条の密約（満洲に関する露清協定）を結んだことに触れた後、今度は楊儒が締約に臨んでいることを危機と見て、日本が列強諸国と協議の上で、これを認めないように努めてほしい旨を論じていた（日記・四）。

これとは別に、汪康年は近衛個人宛てに三八五名の連名で書簡を送っている（日付不明、日記・文書所収）。汪はここで「我国の不亡と東亜の不危は、唯（近衛）公に是を頼む」として、彼に強い信頼を寄せる。そして、親愛なる友国である日本は「正義を守る発言をし、英米を仲間に迎え入れ、強い信念をもって論を唱えてロシアに対処し、満洲問題を講和条件に入れれば、今後はロシアの野望は消滅させることができるであろう」と述べていた。近衛がこれにどう答え、どのような行動を取ったかは不明だが、中国の改良派人士が近衛ら同盟会を反ロシア運動の頼みの綱と考えていたことは確認できるであろう。

満洲開放策

さて、近衛はこれより以前から、満洲問題の解決に向けて同地域の開放を主張していた。彼は一九〇一年四月、雑誌『東洋』に「所謂満洲問題」を発表し、[2]ロシアによる満洲占領に対抗すべく、同地域を中国に還付させた上で列国に開放し、各国間の相互牽制の下で平和維持を図るべきだと唱えていた。満洲を中国に還付はするが共同統治を行うとするのは、清朝政府の秩序維持能力に疑問が残るからである。近衛は次のようにいう。「満洲を列国協同の保護下に置く、亦此類以て露国の東亜に於ける過度の膨脹力を抑制すると共に、清国と列国と皆斉《ひと》しく其の幸福を受け、東洋の平和は因つて纔《わずか》に其の破綻を免るゝを得ん」。この論説に対してロシア紙は、列国が同一歩調を取ることを前提とした近衛の主張は空想に過ぎないと批判している（「近衛公の満洲論に対する露国新聞の評」）。

近衛は同年五月、中国に渡る長岡護美を介して劉坤一と張之洞に書簡を送り、満洲開放に理解を求めた。彼はここで、「今日の事唯々門戸を開放し、領土を保全するに在るのみ。門戸を開放すれば則ち列強違はず。領土を保全すれば則ち金甌欠けず（完全無欠の意——引用者註）。而して露国南下の患《うれい》亦長く阻むものあらん」と述べていたのである（東亜同文会『対支回顧録』）。

これに対して、劉坤一は満洲の件は皇帝の北京帰還後に日本と英米の力を借りれば、ロシアは不法な行動はできないだろうとし、今後一層の日中両国の連携が必要である旨を述べた。また、張之洞も事態解決には満洲を開放する以外に方法はないと考え、近衛の策を朝廷に上奏した旨の書簡を寄せている。しかし、彼は同時に上層部の有力者の理解不足を理由に、実現の可能性については悲観的見解を示していた（「霞山公に宛てた劉坤一・張之洞の書簡」）。劉と張がいかに実力を持っていたとしても、彼らが政策決定に関与するには限界があったのである。

一九〇一年七月から八月にかけて、近衛は四〇日余り中国北方と朝鮮を訪問した。この間、彼は那桐《なとう》、慶親王、粛親王、恭親王といった政治家や皇族と面識を持つことができた。近衛が会った人物および中国社会への印象は、旅行中に書かれたと思しき「北清視察談」に詳しい。彼は親ロシア派の李鴻章とも会っており、一説にはロシア問題等について話し合ったともいわれる。しかし、近衛の日記や資料を読む限り、彼らと政治問題を詳しく論じた形跡はない。そうした中で興味深いことは、朱錫麟という人物から書簡を受け取り面談していることである。

近衛日記の七月二五日の条には、来状として朱錫麟の名が記され、書簡が付されている。朱錫麟という人物は歴史的にはあまり知られておらず、関連する資料もほとんど残されていないが、後に反ロシアを唱えて東亜義勇隊を組織した人物だと推定される。この時の書簡では、近衛の反ロシア論および支那保全論からなる「興亜拒俄《ロシア》」の主張を讃え、同時に教育者としての側面も高く評価していた。末尾の一文では、「能く公爺の一言の力を藉《か》り、興養立教の功を成すを得ば、則ち特《ただ》に敝国の幸のみならず、東亜の大局に幸甚なり」とされており、近衛に対する評価と期待が非常に高かったことが窺える。このことは、近衛の主張が中国の政治指導者のみならず、一部の青年知識人の間でも知られていたことを示唆するものである。

満洲還付に向けて

清朝政府と八ヵ国連合軍との戦争は、一九〇一年九月七日の北京議定書（辛丑条約）の調印をもって終結を見た。しかし、満洲での利権の恒久化を目指すロシアは、一〇月に入ってまたもや中国に秘密協定の締結を迫った。それは四ヵ条からなり、（一）ロシアは満洲と山海関・牛荘鉄道を還付する、ただし清朝政府は同鉄道の保護を他のいずれの国にも委託してはならない、（二）ロシアは年内に盛京省（現在の遼寧省）から撤兵する、（三）ロシアは次の二年以内に漸次吉林・黒龍江の二省から撤兵する、（四）盛京省軍務知事に属する満洲軍隊はロシアの指揮下の者に指導される、というものであった（日記・四）。

これに対しては、国民同盟会幹部の根津一が一〇月二二日に、「露国指揮者の中に訓練せらるゝ清兵は即ち露国の軍隊に等し」と強い批判を行っている。同盟会は一〇月二六日に近衛邸で相談人会を開いて秘密協定についての協議を行った。そして、上海在住の井手三郎に対して劉坤一と張之洞に、「今回露国より提出したる露清特約に於て、露国に何等特殊の権利を保留せしむる事に極力反対すべし」と伝えさせるよう命じた。同日の近衛日記には、一一月に入ってから送られた張之洞宛ての書簡が付されている。それは、中国の変法自強の必要性と満洲開放政策を採用すべきことを論じつつ、皇帝の北京帰還後には列国と謀ってロシアの提示した協定案を拒否するよう勧めたものであった。

この書簡は同時に劉坤一、袁世凱、栄禄《えいろく》、王文韶《おうぶんしょう》にも宛てており、清朝政権全体を対象にしたものであった。近衛は対ロシア、満洲問題に関しては、南方政治家と北京の実力者の間に矛盾がないことを認識しており、彼らが一体となってロシアと対決するように求めたのである。また、一一月二一日には来訪した陶森甲《とうしんこう》に、東亜同文会が起草した「清国変法事宜」を劉坤一に渡すように託している。この資料は未見だが、後の光緒新政に資するところが大きかったといわれる。そうだとすれば、近衛は清朝の再建を図りつつ、この後もロシアに対抗すべく支那保全論の貫徹を図ったものと考えられる。

一九〇二（明治三五）年一月七日、清朝皇帝が西安から北京に帰還した。約一年五ヵ月ぶりに北京政府は再建され、秩序は回復したのである。一〇日、近衛は帰還を機に満洲の回復と維新の実行を祈る祝電を送っている。

一月三〇日、日英同盟が締結された。その内容は、イギリスの中国における特殊権益と、日本の中国・朝鮮における特殊権益を相互に承認し、第三国と戦争となった場合、他の一方は中立を守ることを約したものであった。二月一六日、国民同盟会は芝の三縁亭で同盟成立の祝賀会を開き、以下のような宣言を発した。

日英同盟の成立は吾人の主唱せる支那保全、朝鮮擁護に至大鞏固なる基礎を定めたること疑を容れず。此故に吾人は、当局者の熱心なる尽力と周到なる用意に対して切に慶賀の意を表す。唯夫れ支那保全、朝鮮擁護の関鍵は一に係りて満洲問題の解決に在り。吾人は日英両国政府が一層の鋭励を以て速かに力を此に致し、以て東亜永遠の平和を保障せんことを望む。

（「国民同盟会主催日英同盟祝賀会」）

近衛は祝賀会において講演を行っており、これは「日英同盟の成立」と題して新聞『日本』に掲載された。近衛はここで、この協約を「我が清国保全及韓国擁護の大義に拠りて帝国の国是方針を確立し、之を中外に約せるもの」であるとした。すなわち、この同盟締結は東亜同文会と国民同盟会がこれまで掲げてきた支那保全と朝鮮援助を、政府が協約という形で公式に認めたものと見なしたのである。満洲問題は未解決であるとはいえ、「吾人は今日に於て其目的の大部分を達し得た」と近衛が祝賀会で述べた所以である。

国民同盟会の解散

国民同盟会は創立当初から様々な勢力の寄合い所帯であったが、各集団は次第に自己主張するようになっていた。一九〇〇（明治三三）年一〇月九日、近衛は進歩党が同盟会の趣旨には賛成するが別行動することになったと聞き、「ドーデモよさそうな事乍ら、党人根性といふべしか」と書いている。また、翌年一月二五日、進歩党は衆議院に満洲問題についての決議案を提出しようとしたが、この時、近衛は外交問題での決議は国民全体を巻き込むことになるとして、反対の意向を示している。

さらに、一九〇一年四月一一日に偕楽園で行われた会合では、柴四郎が最近は同盟会関係者以外にも満洲問題に熱心な人が増えてきたので、これを糾合したい旨を述べた。この発言に対し、近衛は「同盟会なるものは更に眼中に置かざるものゝ如くなりしより、議論もなんとなく廉立ちて、余り円満なる会合とも見受けざりし故、余も黙してありし」と不快さを表していた（日記・四）。近衛としては、自分の同意を得ていない議論が横行することには我慢がならなかったであろうし、それと同時に同盟会が政治勢力の角逐の場になることを危惧していたものと思われる。

国民同盟会の解散案が出るのは、近衛が中国・朝鮮の視察に出発する前の六月二六日付の陸実の書簡においてであった。陸は近衛の意向を推し量って、次のような形で解散を行うよう提案している。すなわち、まず同盟会の常務委員だけを集めて近衛の真意を打ち明けること、次いで解散した後に機会を見て政党を作りたいすること、そして常務委員たちの賛成を得てから中国視察に出発すべきことであった。結局、近衛はこの提案に乗らなかったが、陸がこのように書いていることは、既に近衛自身が周辺に解散の意向を漏らしていたことを示唆している。

視察から帰国した近衛は、九月一二日、同盟会幹事会を開催した。会議では活動の如何をめぐって激論が交わされた。近衛は「活動の時機にあらず」としながらも、陸が用意した意見書を自らが修正したものを採択した。それは。以下のようなものである。

一、北清媾和の事局は幸に本会の主張に合し、列国皆土地に関する要求を避けて其終結を告げたり。唯満洲問題は未だ解決せられずして存す。同志者は猶容易に安んずべからざるものあり。故に本会は益々慎重に注視を怠らず、時機に応じて大に活動をするを要す。

二、本会は政党の異同に拘らず、外交問題の為めに興りたる一時的団結なるは会員の熟知する所なり。但だ創立一周年の久しき、地方会員中或は選挙準備等に関して、往々本会の名を用ひんと擬する者ありと聞く。是れ本会創立の初志に顧て遺憾とする所なり。因て本会は今特に、選挙競争等に全く無関係なるを宣明するの必要を認む。

（日記・四）

陸の原案では、第一項の傍線部分は「満州問題に付ては今日に至りて朞月の間に解決すること難く、同志者の宜しく恒久に研究すべきものたり。因て本会は暫く急激の運動を止め、時機を見て再び大に活動するの力を蓄ふるを要す」と書かれていた。近衛はこれを運動継続の方向に書き換えたのである。その要因が九月七日の北京議定書の調印であったことは想像に難くない。列強による分割もなく戦争が終結したことは、歓迎すべきことだったからである。その一方で近衛は、選挙活動のために同盟会の名を使うことに嫌悪感を示していた。この時期の近衛は、運動を初めた頃とは違って各政治勢力との関係に違和感を覚えるようになっていたのである。

一九〇二（明治三五）年四月八日、中国とロシアの間で満洲還付条約が締結された。これによって、ロシアは中国に満洲の主権を還付し、一八ヵ月間に三期に分けて満洲全土から撤兵することとなった。このような事態を受けて、国民同盟会は同月二七日に解散式を行った。同盟会結成時の目的が達成されたということが解散の理由であった。

近衛は当日、新聞『日本』に「国民同盟会の解散に就て」と題する論説を発表した。近衛はここで、国民同盟会の発足から二〇ヵ月にわたる活動を振り返り、ロシアが撤兵と主権還付を声明して義和団事件以前の状態に戻ったことを評価し、次のように述べている。

吾人は此回の結果を以って、敢て大満足を表して直に東洋問題全部の解決と為す者にはあらずと雖も、然れども一昨年来の問題は兎も角解決せられ、我国民同盟会の目的は満足に之を貫徹したるものたるは疑はず。此に於てか国民同盟会も亦、此の問題と共に此に終結を告ぐるの適当を見る。（日記・五）

しかし、近衛はロシアに全幅の信頼を寄せたわけではない。彼は次のように付け加えていたからである。「今後若し我国の利害及東邦の安危に関して再び事件の発生する者あらば、直に第二回の国民同盟会を起して之に応じ、以て其事の為に尽瘁する、猶ほ今回の如くならんことを」。ロシアへの不信感は消えていなかったのである。

対露同志会の結成

不安は的中した。満洲還付条約を締結したにもかかわらず、ロシアは撤兵の約束を履行しなかったのである。一九〇二年一〇月八日の第一次撤兵は規定通り行われたが、これは実際には兵士が現地で鉄道守備隊の服装に変えただけであった。翌年四月八日の第二次撤兵は実行されなかったばかりか、ロシアは撤兵のため条件として七項目からなる要求を提出した。ここに満洲問題は再燃したのである。

このような事態において、旧国民同盟会の人々は再び国論を喚起すべく対露同志会を結成した。同会は初め対外硬同志会と称し、一九〇三（明治三六）年四月八日、上野公園梅川楼で同志大会を開いた。そして、神鞭知常、頭山満、佐々友房らが発起人となって、八月九日に神田錦輝館において対露同志会が結成された。当日の決議には次のようにある。

露国をして撤兵条約を履行せしめ、清国をして満洲開放を決行せしめ、以て東亜永遠の平和を確保するは、帝国の天職なり。吾人は我政府が敢て懈怠せず速に之を遂行せんことを切望す。（黒龍会、前掲）

反ロシア運動の象徴として、周囲が近衛に寄せる期待は依然として高かったであろう。だが、この頃の近衛は病床に伏せがちとなっていた。一九〇〇年秋には慢性咽喉炎となって切開手術を受けており、〇三年一月には肺炎を起こしている。さらに、同年八月には先の中国・朝鮮の視察旅行中に感染したと思しきアクチノミセス（放線）菌が発見されている[3]。近衛は無理のきかない身体でありながら、なおも政治運動に関わろうとしていた。

しかし、近衛とその直系集団は、対露同志会への参加については消極的であったという。その理由は、彼らがこの当時、国内政治の「革新」を争点に新たな政治集団の組織化に乗り出していたため、既存の政治勢力糾合に有効である対外硬のスローガンを、同志会に先

満洲でのロシア軍兵士〔©Wikiwand〕

取りされたことに反発を感じたためだといわれている（酒田、前掲）。国民同盟会の解散後、旧同志たちは朝鮮協会を設立し、ここが一つの拠点となっていた。これらの組織に属していた活動家のうち、田鍋、恒屋、中井喜太郎《きたろう》らは個人として対露同志会の活動に参加しているが、組織としては参加していなかったのである。

近衛内閣待望論

当時、近衛系の人々は東洋倶楽部や南佐荘といったクラブ組織を持っていた。東洋倶楽部は一九〇〇（明治三三）年七月に、「新進有為の青年を糾合して、一大倶楽部を設け、其共同の力を以て社会の全面に彌漫せる積弊を掃討し、万有の事物を一新し、行く〳〵之を拡めて以て純潔理想の政治団体を結成」しようと組織したものである（工藤、前掲）。南佐荘は近衛、渡辺国武、松浦厚、蔵原惟昶《くらはらこれてる》らによって一九〇三年南佐久間町に設けられた集会所である。

桜田倶楽部は一九〇三年一二月に設立されている。その名称は、事務所を桜田本郷町（現在の新橋一丁目）にあった建物に置いたことに因んでいる。「桜田倶楽部の趣旨」は以下のようなものである。

挙世浮薄に流れ、滔々私利に奔る、政界の紛争、実業の萎靡、学業の不振、職として熱誠事に従ひ、忠実任を尽すの気風乏しきが故ならずんばあらず。此風潮を一転するに非ざれば、焉《いずく》んぞ邦家の隆盛を期せん。茲に同人相謀りて桜田倶楽部を起す。同憂の士と共に内親睦を厚ふし、外時宜に応じ、戮力して邦家の為に貢献せんと欲するが故なり。大方諸君請ふ賛助せよ。（日記・文書）

近衛はかつて周囲の者に、貴族と平民というような仕切りがあってはいけないとして、次のように述べたという。「両者の間を疎通して互に交情を温める機関を作らなければならん。桜田倶楽部を社交倶楽部にして、貴衆両院を通じて同志を集めてやらう。さうしなければ本当の政治は出来ん」（五百木良三『感激させられた対外運動』）。桜田倶楽部の規約の第一条には、「本倶楽部は政党政派に関係なく、同志の士を以て組織す」とある。しかし実際には、これが近衛を中心とする新政党の準備団体であったことは疑いを容れない。近衛はかねてから、政党政治の出現が不可避である旨を述べていた。その彼が、自らが政党政治の実行者になろうとしても不思議なことではない。

それでは、近衛には首相の座に就こうとする意欲があったのか。少なくとも、近衛の周辺に近衛内閣待望論があったことは事実である。一九〇〇年当時、対外硬派の人々の中には、軟弱な対ロシア政策を採る内閣に代えて、近衛内閣の成立を求める声があった。頭山満の述べるところでは、国民盟会は単に国権擁護、国威発揚、ロシアの征討を主張するだけの団体ではなく、精神とするところは近衛を中心として国魂・国風を発揮する内閣を樹立することにある。そのような内閣でなければ、国家を改造して、アジアを復興する大任を負うことはできないからである（頭山「近衛篤麿公の偉業」）。

近衛本人にもその意志がなかったとはいえない。近衛がしばしば入閣を誘われて、その度に断っていたことは既に述べたところである。田鍋は自らの回想で、「或時入閣のお話が出た時、私はマア入閣はなさらぬほうが善いでせうと申上げました処がイヤ自分も借家住居《ずまい》はしない積りだと言はれた事がありました」というエピソードを引き合いに、近衛に仮に組閣の大命が下ったなら引き受けたであろうと推測している（田鍋「近衛霞山公の思出」）。田鍋は「借家住居」とは味わうべき言葉だというが、近衛本人には、一家の主人として「持ち家」を建てたいという気持ちがあったのだろう。

しかし、近衛がこのように考えていたとしても、彼には残された時間はなかった。彼が罹患した放線菌症は、今日では早期に診断され、抗菌剤の使用などによって適切に治療が行われれば、ほとんどの人が完治するという。しかし、当時においては治療法も全く知られていない難病であったのである。

1『国民同盟会始末』には『人民新聞』とあるが、当時の紙名は『日刊人民』であった。
2 この論説は五百木良三が近衛の指示を受けて代筆したものであり、末尾に「社員筆記」とある。
3 当時は「アクチノミコーゼ」と表記されていたが、今日では放線菌症とされている。

終　章

近衛篤麿が東京帝国大学医科大学付属医院（現在の東京大学医学部附属病院）に入院したのは、一九〇三（明治三六）年九月一四日のことであった。主治医となったのは院長の佐藤三吉だった。入院後、右胸部、膝部の大手術を受け、次いで腹部、腕下、腰部など切開箇所は三〇以上に及んだ。

入院中は読書などで無聊を慰めた。当初、面会は禁じられたが、後には門下の五百木良三と神谷卓男だけには許された。彼らとの話題は時事および内政や外交、人物評などにわたり、特に東洋問題を論じては時の経つのを忘れるほどであったという。一〇月に入ってからは病状はやや好転したが、一一月中旬になると急激に悪化し、咳き込むことが多くなり、頭痛発熱のため安眠できない日が続くようになった。そして、一二月に入ると精神が

近衛篤麿終焉の地〔霞山会撮影〕

混濁することもあり、ついに同月六日には目白の自宅へと戻ることとなった。

公刊されている近衛の日記は一九〇三年三月三一日の条で終わっているが、実際は入院中も書き綴っていたようだ。手術については「佐藤大手術室にて手術を受く、随分苦痛なりし」と記していた（工藤、前掲）。そのように書くには理由があった。主治医の佐藤は手術に際して全身麻酔を勧めたのだが、近衛はそれを拒絶していたのである。彼は次のように述べたという。

「麻酔を掛けられると、麻酔の中に夢中で色々なことを喋るといふことを聞いた。所が自分は昨今重大なる政治上の秘密を持つて居るから、万一麻酔の中に秘密を喋るとかいふやうなことがあつては、これこそ由々しき大事である。それ故どうか麻酔といふことは避

近衛篤麿訃報記事〔東京朝日新聞1904年1月3日〕

けて貰ひたい」（佐藤「犠牲的大精神」）。近衛の次男秀麿によれば、手術の際は当時の横綱である梅ケ谷と常盤山の二人が満身の力を込めて、近衛の肥満の体躯を手術台に抑え込んでいたということである（近衛秀麿『風雪夜話』）。

近衛が世を去ったのは一九〇四（明治三七）年元日の午前八時半のことであった。佳日であることを憚って、翌日になって喪を発したため公には二日の死とされている。葬儀は六日午後一時に落合の自宅を出棺した後、谷中斎場で三時半から執り行われた。会葬者は朝野の人士二〇〇〇余人に及んだ。供花の中には清朝の重臣から贈られたものもあり、生前のアジア連帯の主張を偲ばせるものがあった。遺骸は親族に護られて日暮里の延命院に埋葬された。戦後、近衛家の菩提寺である京都の大徳寺に移葬されている。

序章でも述べたように、近衛の四〇年間の生涯において、

近衛篤麿墓　大徳寺〔霞山会撮影〕

社会的活動を始めたのは二七歳の時であったから、その実働年数は僅か一三年でしかない。しかし、この間の彼の活動範囲は多岐にわたるもので、しかもそれらが同時並行的に展開されたことは本論の各章で述べたところである。

それでは、近衛の一三年間の政治および文化活動をどのように評価すればよいのだろうか。最後にこのことについて述べておくことにしよう。

まず、政治的主張を見るならば、近衛の姿勢は内政面では自由主義的傾向が強く、外交面では一貫して硬派であったといえる。本論で述べたところであるが、近衛は内政面においては、留学時代の研究成果を基として憲法擁護と責任内閣制の実現に熱心であった。そのため、彼は伊藤博文らの超然主義とは徹底的に闘おうとした。また、彼は貴族院議員であったにもかかわらず、政党政治に理解を示していたことは特徴的であったといえるだろう。

近衛の対外硬の中心をなしたものは、黄白人種対立論を出発点とするアジア主義であった。人種対立論はまもなく撤回されて、「支那保全論」が彼の基本方針となる。これは本論でも述べたように、清朝の保存を前提とした日中提携論であった。彼の主張が中国の変法派から注目され、支援を求められたのは時代の流れからすれば、自然の成り行きであったといえるだろう。しかし、彼の政治的立場はそれを受け入れるものではなかった。

近代以降の日本のアジア主義を概観すると、そこには大まかに分けて二つの潮流があったように見える。一つは日本および中国の政治体制を変革し、ひいてはアジアに新しい国際秩序を作り上げ、これをもって西洋と対決しようとするものである。その事例としては、宮崎滔天や北一輝の思想が上げられる。今一つの流れは、中国の政治体制を維持させながら政府間の提携によって西洋列強に対抗しようとするものである。近衛のアジア主義は後者の典型的な事例だということができるだろう。

近衛はアジア諸国の提携を熱心に主張した。彼は決して思想家ではなく、一貫して国益を最優先した政治的実践者であった。しかし、彼が中心となった東亜同文会の活動がすべて好成果を収めたわけではない。例えば、東南互保時期の中国南方諸省の聯邦化構想の失敗は、政治情勢に対する主観的分析の結果あり、近衛自身は認めていないものの、痛恨の失策だったといってよいのではないだろうか。

近衛の社会・文化面での活動を振り返り、その成果としてまず上げるべきことは、自からが帰属する華族界の改革を唱えたことであった。当時の堕落した華族に対する批判は厳しいものであったが、それは近衛が五摂家筆頭の当主であるがゆえにできたことであった。次は教育事業への関与である。学習院での改革は一組織に限られたものであったが、普通教育と女子教育への支援は、広く国民形成に資するものであった。また、真宗布教への関与についていえば、それをアジア融和の一手段と見ていたことは近衛独特の考えであったといえるだろう。最後に、近衛は文化保存にも熱心だったが、それは国民精神の基礎が歴史的伝統にあると考えたためであった。

近衛の最後の三年間は、社会・文化活動も継続されてはいたが、彼が最も力を入れたのはロシアに対する批判活動であった。国民同盟会を通した反ロシアの世論作りは彼の最後の闘いであった。近衛が主張して止まなかった日露戦争が始まるのは、死から一ヵ月ほど経ってからのことであった。

参考文献

浅見雅男『学習院』文藝春秋、二〇一五年。

五百木良三「感激させられた対外運動――長く英魂を承けて中心となる――」、『支那』第二五巻二・

三合併号、一九三四年二月。

猪狩史山・中野刀水『杉浦重剛座談録』岩波文庫、一九四一年。

「伊藤伯の復書」、『国民之友』第一四巻二八号、一八九四年二月。

伊藤博文『帝国憲法義解』国家学会、一八八九年。

任展慧《イムジョネ》「朝鮮統治と日本の女たち」、もろさわようこ編『ドキュメント女の百年・五　女と権力』

平凡社、一九七八年。

巌垣月洲『月洲遺稿』巌垣雄次郎、一八七八年。

衞藤瀋吉監修・李廷江編集『近衛篤麿と清末要人――近衛篤麿宛来簡集成――』原書房、二〇〇四年。

小笠原長生「偉人近衛篤麿公を追慕す」、『支那』第二〇巻二・三合併号。

小田部雄次『華族―近代日本貴族の虚像と実像』中公新書、二〇〇六年。

王樹槐『外人与戊戌変法』中央研究院近代史研究所、台北、一九六五年。

大内暢三「近衛霞山公と東亜同文書院」、『支那』第二五巻二・三合併号。

大谷派本願寺朝鮮開教監督部編『朝鮮開教五十年誌』大谷派本願寺朝鮮開教監督部、一九二七年。

「霞山公に宛てた劉坤一・張之洞の書簡」、『天地人』第三年第九号、一九五四年四月。

「華族一家ノ主タル者一人ツヽ被為召勅諭」（一八七一年一〇月）、『岩倉文書』、国立公文書館デジタルアーカイブ。

「華族令中追加」（一八九四年六月三〇日）、国立公文書館デジタルアーカイブ。

学習院百年史編纂委員会『学習院百年史　第一編』学習院、一九八一年。

海舟全集刊行会編『海舟全集　第一〇巻』改造社、一九二九年。

上林敬次郎「近衛篤麿公ビールの決闘」、『伝記』第六巻第六号、一九三九年六月。

「公卿諸侯ノ称ヲ廃シ改テ華族ト称セシム」（一八六九年六月一七日）、国立公文書館デジタルアーカイブ。

工藤武重『近衛篤麿公』大空社、一九九七年（原本は大日社、一九三八年）。

栗田尚弥「引き裂かれたアイデンティティ――東亜同文書院の精神史的考察――」、ピーター・ドウス、小林英夫編『帝国という幻想――「大東亜共栄圏」の思想と現実』青木書店、一九九八年。

――「東亜同文会の創設者・近衛篤麿」、『Think Asia』第一七〜二〇号、二〇一四年九月〜二〇一五年六月。

小林秀司「『東南互保』協定の成立過程」、『歴史科学と教育』第〇号、一九八一年一〇月。

「古社寺保存会組織ニ関スル建議案」、『第九回帝国議会　貴族院議事速記録』第一一号、一八九六年一月三一日。

「黄人種同盟の是非得失」、『天地人』第二号、一八九八年二月。

「国民同盟会主催日英同盟祝賀会」（一九〇二年二月）、東亜文化研究所編『東亜同文会史』霞山会、一九八八年。

国民同盟会編『国民同盟会始末』政文社、一九〇二年。

黒龍会編『東亜先覚志士記伝』黒龍会、一九三五年。

近衛篤麿「華族ノ義務ニ就テ同族諸君ニ一言ス」、『華族同方会報告』第二五号、一八九一年九月。

――「精神発刊の趣旨」、『精神』第一号、一八九二年四月一〇日。

――「慨世私言」、『精神』号外、一八九三年二月二一日。

――「北海道拓殖講談会での公演」、一八九三年一一月一九日、『北海道協会沿革史』所収。

――「華族論」、『国家学会雑誌』第八三号、一八九四年一月。

――「読華族令追加」、『精神』第四巻第一号、一八九四年七月。

――「海国の勃興に関する要務」、『精神』第四巻第九号、一八九五年一月。

――「北海道拓殖論」、『太陽』第一巻第七号、一八九五年七月五日。

――「独逸近時の外交政略」、『精神』第六二号、一八九五年八月。

――「北海道拓殖の急務」(上)、『立憲改進党党報』第四七号、一八九五年八月五日。

――「朝党野党」、『明治評論』第一号、一八九五年一二月一日。

――「現内閣の所謂る国家経営」、『明治評論』第二八号、一八九六年二月。

――「宗教家の人爵」、『明治評論』第五巻第八号、一八九六年六月。

――「新内閣の将来をトす」、『太陽』第二巻第一九号、一八九六年九月二〇日。

――「弾正台復活の議」、『明治評論』第六巻第一号、一八九六年一二月。

——「女子教育と男子教育との関係」、青木恒三郎編『女子教育談』青木嵩山堂、一八九七年。

——「余が大日本教育会長となりし理由」、『教育時論』第四二三号、一八九七年一月。

——「南窓漫筆」(二)、『明治評論』第六巻第八号、一八九七年七月。

——「方今の二大弊を説て卒業生諸君に告ぐ」、『教育公報』第二〇〇号、一八九七年九月二〇日。

——「瑞伊漫遊記」、『学習院輔仁会雑誌』第四七〜四九号、一八九七年六月、一二月、一八九八年二月。

——「同人種同盟　附支那問題研究の必要」、『太陽』第四巻第一号、一八九八年一月。

——「時務管見」、『時論』第一号、一八九八年五月。

——「欧米及び支那に於ける観察」、『天地人』第二七、二八号、一九〇〇年一、二月。

——「米欧巡廻中の雑感」、『太陽』第六巻第一号、一九〇〇年一月三日。

——「国民同盟会発起会における演説」(一九〇〇年九月二四日)、東亜文化研究所、前掲。

——「海外に於ける日本人」、『太陽』第六巻第一四号、一九〇〇年一一月三日。

——「北清視察談」(一九〇一年)、『近衛篤麿日記』付属文書所収。

——「所謂満洲問題」、『東洋』第一号、一九〇一年四月。

——「露清特約——特権保留の危害——」、『東洋』第二巻第三号、一九〇一年一一月。

——『北海道私見』赤石定蔵、一九〇二年。

——「日英同盟の成立」(一九〇二年二月一六日)、東亜文化研究所、前掲。

近衛篤麿日記刊行会編『近衛篤麿日記』鹿島出版会、一八六八〜六九年。

「近衛公爵歓迎会」、『教育公報』第二三一号、一九〇〇年一月。

「近衛公爵の教育談」、『教育公報』第一九六号、一八九七年七月。

「近衛公爵の談話」、『日本』一八九九年一一月二八日。

「近衛公爵の祝文」、『教育公報』第二二一号、一八九九年三月。

「近衛公の対清談」、『中央新聞』一九〇〇年六月三〇日、七月一日（『近衛篤麿日記』第三巻所収）。

「近衛公の満洲論に対する露国新聞の評」、『東洋』第九号、一九〇一年八月。

近衛秀麿『風雪夜話』講談社、一九六七年。

近衛文麿『清談録』千倉書房、二〇一五年。

佐々木克「初期議会の貴族院と華族」、『人文学報』第六七号、一九九〇年一二月。

佐藤三吉「犠牲的大精神──難病の苦痛を顧みざる──」、『支那』第二五巻二・三合併号。

酒田正敏『近代日本における対外硬運動の研究』東京大学出版会、一九七八年。

志賀直方「ぶらず・らしく──退学処分の私に親切な教訓──」、『支那』第二五巻二・三合併号。

清水澄「故近衛侯爵の追憶（時艱にして偉人を想ふ）」、『支那』第二五巻二・三合併号。

「小学校教育費国庫補助ノ請願」、『第四回帝国議会　貴族院議事速記録』第三五号、一八九三年二月二二日。

白鳥庫吉「学習院長としての近衛篤麿公を顧ふ」、『支那』第二五巻二・三合併号。

白柳秀湖『近衛家及び近衛公』新愛知新聞社出版部、一九四一年。

「清国償金ノ一部ヲ市町村立小学校ノ基本金ニ充ツルノ建議案」、『第九回帝国議会　貴族院議事速記録』第三号、一八九六年一月一一日。

「清国亡命者ニ関スル報」（一八九八年一二月二二日）、アジア歴史資料センター。

「清国亡命者ノ挙動ニ付キ」（一八九八年一一月三〇日）、同右。

「新聞紙条例改正案」、『第四回帝国議会　貴族院議事速記録』第一三号、一八九三年一月九日。

新村出「近衛霞山公の瞥雪餘聞」（一九三九年）、同『典籍雑考』筑摩書房、一九四四年。

杉浦楠陰「巌垣月洲伝」、島弘尾編『嘯耕園叢書 第一集』嘯耕園、一九〇一年。

瀬岡誠「近衛篤麿と関係集団」、『社会科学』第五四号、一九九五年一月。

田鍋安之助「近衛霞山公の思出」、『支那』第二五巻二・三合併号。

大学史編纂委員会編『東亜同文書院大学史――創立八十周年記念誌――』滬友会、一九八二年。

高田早苗「政治家としての近衛霞山公」、『支那』第二五巻二・三合併号。

竹内好「東亜同文会と東亜同文書院」、『日本と中国』筑摩書房、一九九三年。

竹林熊彦「近衛篤麿公と図書館」、『図書館雑誌』第三五巻一〇号、一九四一年一〇月。

「地租会議設置ノ建議案」、『第四回帝国議会　貴族院議事速記録』第二一号、一八九三年一月一九日。

「張之洞ニ対スル回答振ニ関スル件」（一八九八年一二月六日）、外務省編『日本外交文書』第三一巻第一冊、日本国際連合協会、一九五四年。

帝国教育会編『帝国教育会五十年史』帝国教育会、一九三三年。

翟新『東亜同文会と中国――近代日本における対外理念とその実践――』慶應義塾大学出版会、二〇〇一年。

鳥谷部春汀「公爵近衛篤麿」、『春汀全集　第一巻』博文館、一九〇九年。

東亜文化研究所編『東亜同文会史』霞山会、一九八八年。

東亜同文会編『対支回顧録　下巻』原書房、一九六八年。

東亜同文書院滬友同窓会編『山洲根津先生伝』根津先生伝記編纂部、一九三〇年。

東京都立教育研究所編『東京教育史資料大系』第一巻、一九七一年。

「東京同文書院開院式」（一九〇二年一月）、東亜文化研究所、前掲。

「東邦協会ノ態度」（一九〇〇年六月二五日）、アジア歴史資料センター。

頭山満「近衛篤麿公の偉業」、『支那』第二五巻二・三合併号。

中島裁之「同盟会に対する李鴻章の意見」、「同盟会に対する粛親王の見解」（一九〇一年三月）、東亜文化研究所、前掲。

「南京同文書院漢文要領」、東亜文化研究所、前掲。

「南清秩序維持及匪徒勦定ニ関スル各督撫ノ連署上奏並張総督ノ態度ニ付報告ノ件」（一九〇〇年六月二五日）、『日本外交文書』第三三巻別冊二、日本国際連合協会、一九五六年。

二条基弘「華冑界の先覚近衛公」、『太陽』第一八巻第九号、一九一二年六月。

「日英新条約ニ関スル質問書」、『第八回帝国議会　貴族院字義速記録』第三二号、一八九五年三月二二日。

根津一「北清変乱に対する支那処分案」（一九〇〇年七月）、東亜文化研究所、前掲。

「白痴教育に就て」、『大阪朝日新聞』一九〇〇年一二月三日。

「白痴教育の話――瀧の川学園学園を訪ふ――」、『大阪朝日新聞』一九〇一年四月一日。

林権助『わが七十年を語る』第一書房、一九三五年。

廣部泉『黄禍論――百年の系譜――』講談社、二〇二〇年。

「復書に対する復書」、『国民之友』第一四巻第二一八号、一八九四年二月。

藤田佳久「東亜同文会――教育者としての近衛篤麿――」、『同文書院記念報』第二六号、二〇一八年三月。

――「京都若王子神社に祀られた近衛篤麿公から荒尾精に送られた『東方斎荒尾精先生の碑』を読む」、『同文書院記念報』第二八号、二〇二〇年三月。

藤谷浩悦『戊戌政変の衝撃と日本――日中聯盟論の模索と展開――』研文出版、二〇一五年。

『平安遷都紀念祭紀事　巻上』京都市参事会、一八九六年。

北海道協会編『北海道協会沿革史』北海道協会、一九一八年。

「北海道調査完成ヲ要スルノ建議案」、『第四回帝国議会　貴族院議事速記録』第四一号、一八九三（明治二六）年二月二八日。

「北海道鉄道敷設法案」、『第九回帝国議会　貴族院議事速記録』第一九号、一八九六年二月一三日。

「北海道鉄道敷設方針ニ関スル質問主意書」、『第九回帝国議会　貴族院議事速記録』第六号、一八九六年一月二〇日。

「北海道ニ鉄道ヲ敷設シ及港湾ヲ修築スルノ建議案」、『第六回帝国議会　貴族院議事速記録』第二号、一八九四（明治二七）年五月一七日。

松波仁一郎「近衛霞山公の高風を追慕する」、『支那』第二五巻二・三合併号。

水野勝邦著、尚友倶楽部編『貴族院会派〈研究会〉史　明治大正編』芙蓉書房新社、二〇一九年。

水谷川忠麿編『螢雪餘聞』陽明文庫、一九三九年。

守田佳子『奥村五百子──明治の女と「お国のため」──』太陽書房、二〇〇二年。

山本茂樹『近衛篤麿──その明治国家観とアジア観──』ミネルヴァ書房、二〇〇一年。

山本浄邦「大韓帝国期光州における奥村兄妹の真宗布教・実業学校設立──新史料『明治三十一年韓国布教日記』を中心に──」、『日記が語る近代：韓国・日本・ドイツの共同研究』同志社コリア研究所、二〇一四年。

──「光州実業学校の研究──大韓帝国期における日本人仏教者の社会事業からみた東アジアの近代──」佛教大学大学院、博士学位請求論文、二〇一五年。

横手慎二『日露戦争史──二〇世紀最大の大国間戦争──』中公新書、二〇〇五年。

李廷江「日本軍事顧問と張之洞──一八九八～一九〇七──」、『アジア研究所紀要』（亜細亜大学）第二九号、二〇〇二年。

──「『陽明文庫』書簡からみる近衛篤麿の対中国理念と行動──日本アジア主義者における中国政策の原型──」、斎藤道彦編『中国への多角的アプローチ』中央大学出版部、二〇一二年。

劉坤一「同文会主意書書後」、『近衛篤麿日記』第三巻所収。

「劉張李三総督ノ矯勅不遵奉決議ノ件」（一九〇〇年六月二九日）、『日本外交文書』第三三巻別冊二、

日本国際連合協会、一九五六年

「劉・張両総督ト各国領事トノ秩序維持協定始末報告ノ件」（一九〇〇年六月二九日）、外務省編『日本外交文書』第三三巻別冊「北清事変」上、日本国際連合協会、一九五六年。

あとがき

本書は、これまで執筆した記事や講演原稿などを基にしているが、それらを大幅に改稿して書き加えた部分も多く、全体としてはほぼ書き下ろしに近いものである。

私の最初の研究テーマは近代中国の政治思想であった。その後、関心は日本のアジア主義の領域にも広がり、大学の紀要などに数編の論文を発表してきた。それを一冊にまとめたのが『アジア主義と近代日中の思想的交錯』（慶應義塾大学出版会、二〇一六年）である。同書では近衛篤麿についても触れてはいるが、それは極めて断片的なものでしかなかった。しかし、この頃から一般財団法人霞山会の事業に加わったことで、私の研究の幅はかなり広がったように思う。

霞山会は二〇一六年一二月以来、五回にわたって「近代日本とアジア」を主たるテーマとするシンポジウムを開催した。同会とは以前から『近代中国人名辞典』の編集という仕事を通じて関わりを持っていたが、私はこれに報告者として参加することによって、近衛や東亜同文会に関する知見を深めることができたのである。そして、ここに近衛の評伝を執筆し、霞山アカデミー新書の一冊に加えられる機会を得たことは、私にとっては幸運なことだといわなければならない。

本書の構想を練り始めた頃は、果たして四〇歳で他界した人物の評伝を書けるのかという不安があった。しかし、公刊されている日記はもちろん、近衛の著作や関連資料を読んでみると、彼の言論や行動が名門貴族出身の政治家としての責任感に支えられたものであることが理解できた。アジア主義は彼の政治的主張の重要な側面であるが、それは「近衛」という全体の中に位置づけることで、その特徴も明確になるのである。著者としては、本書が多少なりとも近衛の実態に近づき得ていることを願うものである。

本書では触れなかったが近衛は趣味人でもあった。日記によれば、彼は落語が好きで贔屓の噺家もいたようだ。子供の頃から相撲が好きだったことは本書でも触れた。近衛は政治家になってからも多忙な職務の合間を縫って、両国の回向院で行われていた相撲興行の見物に頻繁に出かけていた。時には星取表をつけたり、取り組みの講評を日記に書いたりもしている。近衛は貴族院議長、学習院長を務めていたので、これに回向院を加えて「三院の長」とも呼ばれていたことはよく知られている。

また、近衛はユーモアに富んだ人物でもあったようだ。堅苦しく見えるが、実際の彼は洒落を飛ばすことが好きだったと述懐している人もいる。このような近衛の趣味の話やエピソードには尽きないが、これらについてはいずれ別の機会に書ければと思っている。

最後に、本書の出版に当たり、阿部純一・霞山会理事長にご理解をいただき、文化事業部の齋藤眞苗さんには資料提供などを含めて大変お世話になった。お礼を申し上げる。本書執筆の途中でパソコンが故障し、それまで書き溜めていた原稿のデータが消えた時は気力まで失いかけたのだが、今はどうにか約束を果たすことができて一安心しているところである。

二〇二二年一一月二九日

嵯峨　隆

略歴

嵯峨　隆（さが　たかし）

一九五二年、秋田県生まれ。慶應義塾大学法学部卒業、同大学院法学研究科博士課程単位取得退学。博士（法学）。専門は中国政治史、思想史。香港中文大学亜洲課程部留学（一九七九～八〇年）。八戸大学（現・八戸学院大学）専任講師・助教授（一九八二～八九年）、静岡県立大学国際関係学部助教授・教授（一九八九～二〇一七年）を経て静岡県立大学名誉教授。著書、『近代中国アナキズムの研究』（研文出版、一九九四年）、『中国黒色革命論――師復とその思想』（社会評論社、二〇〇一年）、『戴季陶の対日観と中国革命』（東方書店、二〇〇三年）、『アジア主義と近代日中の思想的交錯』（慶應義塾大学出版会、二〇一六年）、『人物からたどる近代日中関係史』（共編著、国書刊行会、二〇一九年）、『アジア主義全史』（筑摩書房、二〇二〇年）、『頭山満――アジア主義者の実像』（筑摩書房、二〇二一年）など。

霞山アカデミー新書　歴0001

東亜同文会初代会長
近衛篤麿評伝
――その四十年の生涯――

令和四年十二月二十五日　発行
令和五年　三　月　一　日　二版

著　者　嵯　峨　　隆

発行者　阿　部　純　一

発行所　一般財団法人　霞　山　会
〒一〇七－〇〇五二
東京都港区赤坂二丁目一七－四七
赤坂霞山ビル

印刷・製本　㈱興学社